KB118884

엄마와 보내는
20분이
가장 소중합니다

일러두기

책에 등장하는 아이들의 이름은 모두 가명입니다.

엄마와 보내는 20분이 가장 소중합니다

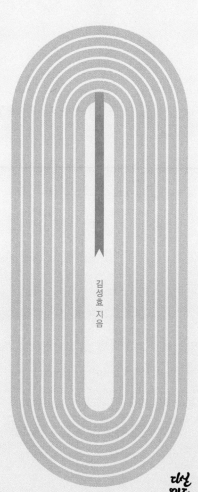

아이의 평생 성적을 만드는 초등 공부 습관

김성효 지음

다산에듀

부모와 함께하는 20분이
아이의 미래를 바꾼다

며칠 전 신문에서 이런 기사를 보았습니다.

"코로나19 이후 마스크의 일상적인 착용으로 교사의 입 모양을 보고 배울 수 없어서 아이들의 발음이 뭉개지고, 언어 발달도 제대로 이루어지지 못하고 있다."

어린이집 원장과 교사들의 75퍼센트가 아이들의 언어 발달 기회가 감소하고 있다고 입을 모았습니다.[1] 심지어 '사과'를 '아과'로 발음하는 아이도 있다지요.

이것이 얼마나 큰 문제인지 여러분도 짐작하실 수 있을 겁니다. 아이에게는 적절한 시기에 적절한 발달을 마쳐야 하는 '발달 과제'가 있습니다. 아이마다 성장하는 시기가 천차만별이긴 해도 일종의 성장 가이드라인이 있는 셈입니다.

유아기에 아이는 부모나 교사를 보고 흉내 내는 모방형 학습을 합니다. 이 시기는 어른의 말과 행동을 더 많이 따라 할수록 더 많이 배우고 성장할 수 있습니다. 그런데 마스크 착용이 일상화되면서 아이들이 부모나 교사의 입 모양을 보고 배울 기회가 줄었습니다. 평소엔 참으로 별것 아닌 것처럼 보이는 입 모양 하나가 자라나는 아이들에겐 이렇게나 큰 영향을 줍니다.

유아기에 말을 제대로 꼭 배워야 하는 것처럼 초등학생 때는 초등학생으로서 해야 할 일이 있습니다. 좋은 습관을 들이는 것, 공부를 즐길 수 있는 바탕을 단단하게 만드는 것, 학습의 기초와 교과목별로 꼭 알아야 할 핵심 원리들을 익히는 것이죠.

이때 초등 부모가 반드시 해야 할 일은 아이 공부에 따뜻한 관심을 갖고 꾸준히 지속할 수 있도록 격려하면서 공부하는 방법과 방향을 잘 안내해 주는 것입니다.

저는 초등학교에서 17년 동안 학생들을 가르쳤습니다. 지금은 교육청에서 스피치라이터 장학사로 일하고 있습니다. 교직 경력 23년에, 지난 10년 동안 교육 관련 서적을 써왔습니다. 국내외 숱한 강연과 책에서 수많은 교사와 학생, 학부모를 만났습니다.

제가 가장 많이 들었던 질문의 내용은 단연 '공부'였습니다. 어떻게 해야 행복하면서도 공부 잘하는 아이로 키울 수 있는가 하는 고민은 사실 부모라면 누구나 갖는 것이고 어쩌면 인류 공통의 고민인지도 모릅니다. 저도 두 딸을 키우는 직장맘이기에 아이들 교육을 고민할 수밖에 없습니다.

최근에는 코로나19라는 무거운 짐이 보태졌기 때문에 교육 고민이 더욱 커졌습니다. 학교가 지금까지 해왔던 역할이 많이 작아졌기 때문입니다. 오프라인에서 교사가 학생들에게 골고루 해주던 섬세한 피드백도 온라인 학습에서는 제대로 받기 어려워졌지요.

특히 학습에서 부모의 역할이 소극적이었어도 공교육에 의지해서 그럭저럭 버텨왔던 아이들은 성적이 확연히 떨어지고 학습에 자신감을 잃는 경우도 많아졌습니다. 이건 공교육의 역할과 피드백이 그만큼 줄어들어서 생긴 일입니다. 반대로 생각해 보면 그만큼 부모의 역할과 가정에서 해야 할 일이 더욱 많아졌다는 뜻이기도 합니다. 한마디로 전보다 부모 노릇 하기가 더 어려워진 것이죠.

만약 부모가 아이를 위해 좀 더 적극적으로 노력하지 않는다면 아이는 그 피해를 고스란히 입을 수밖에 없습니다. 물론 전문적으로 학생을 가르치는 이가 아닌 부모로서는 학습 지도가 결코 쉽지 않겠지요. 만약 그게 그렇게 간단하고 쉬웠다면 엄마표 공부에서 어려운 점이 전혀 없었을 것이고, 자녀교육 때문에 고민할 일도 없었을 테니까요.

결국 하긴 해야 하는데, 어떻게 할 것인가의 문제가 남습니다. 어떻게 하면 더 효과적으로 아이를 가르칠 수 있을까, 어떻게 해야 더 쉽고 재미있고 체계적으로 가르칠까 하는 문제 말입니다. 그렇다면 우리 가운데 누가 이 답에 가장 근접해 있을까요. 맞습니다. 교사입니다. 교사는 아이를 가르치기 위해 존재하는 사람이니까요.

만약 부모가 교사처럼 구체적이고 체계적으로 아이에게 공부를 지도하면 어떨까요. 부모보다 아이를 더 오래 지켜본 사람도 없고, 부모보다 아이를 잘 아는 사람도 없습니다. 부모가 정확한 공부 방법과 원리를 안다면 벌어진 학습의 격차를 메우고, 가정에서 함께 즐기는 공부로 아이들을 이끌어줄 수도 있습니다. 매우 친절하고 열정적으로 가르치는 교사처럼 말이지요.

저는 이 책을 바로 그런 이들을 위해서 썼습니다. 아이에게 학습 코치가 되어주고 싶은 부모를 위해서, 공부 잘하면 좋은데 뭘 어떻게 하란 말인지 묻는 부모를 위해서, 비싼 돈 주고 과외를 시키거나 학원에 보내는 것 말고 내가 내 아이를 가르치고 싶어 하는 부모를 위해서, 공부가 어려워졌으니까 그만큼 아이를 도와주긴 해야 하는데 어떻게 해야 할지 고민하는 학부모를 위해서 말입니다.

저는 공교육에만 100퍼센트 의존하던 엄마였습니다. 그런 저도 온라인 수업이 시작된 이후에는 집에서 아이와 함께 하루 20분씩 공부하기 시작했습니다. 초등학교 교사로 17년을 학생들을 가르쳐오면서 깨닫게 된 초등 공부의 핵심 원리를 그대로 따라서 지도했지요. 그 결과 많은 긍정적인 변화를 보게 되었습니다.

특히 가정에서 지도하고는 싶지만 구체적인 방법을 잘 몰라서 하기 어려웠던 독서와 글쓰기 교육의 실질적인 노하우와 방법, 과목별로 성적을 쑥쑥 올리는 효과적인 공부법, 바른 인성을 가진 아이로 키우는 크고 작은 인성 교육 방법, 스마트폰과 미디어 리터러시 교육이 왜 필요하고 어떻게 지도해야 할지 등 학부모로서 반드시 알아두어야 할 초등 공부의 거의 모든 것을 한 파트씩 나누어서 차곡차곡 담았습니다. 또한 각 파트에는 부모와 아이가 함께할 수 있는 구체적인 '20분 학습 활동'을 소개했습니다.

왜 20분이 중요할까요? 초등학생이 한 가지 활동에 집중해서 열심히 하는 것은 고작 10분 남짓이고 최대로 집중할 수 있는 시간이 20분이기 때문입니다.

20분은 정말로 짧습니다. 유튜브에서 재미있는 영상을 보고, SNS를 돌면서 '좋아요'를 누르다 보면 눈 깜짝할 새 지나가지요.

그러나 엄마가 어떻게 하느냐에 따라 이 20분 동안 아이는 스마트폰을 보는 대신 글을 쓰고, 스스로 학습 계획을 짜고, 공부를 하고, 건강한 놀이를 하고, 토론을 하고, 가족과 대화를 나눌 수 있습니다.

아이와 함께 읽기와 쓰기부터 과목별 공부까지 다양한 학습 활동을 하며 20분 동안 집중해서 공부하는 습관을 들여주세요. 자녀 교육에선 시간의 양보다 질이 중요합니다. 어떤 부모라도, 어떤 아이라도 충분히 할 수 있습니다. 정확하고 제대로 된 방법만 알면 짧은 시간으로도 효과를 극대화할 수 있습니다. 처음 20분을 몰입하고 집중할 수 있다면 이후에 아이는 2~3시간을 혼자서 공부할 수 있는 집중력과 자기조절력을 얻을 수 있게 됩니다.

이 책에서 소개하는 공부법의 핵심 노하우를 믿고 꼭 끝까지 따라서 해보세요. 단순하게 읽고 그치는 것을 넘어 직접 하나씩 실천해 보고, 효과를 몸으로 느끼시길 바랍니다.

책에서 소개해 드린 수많은 교육 방법과 노하우는 모두 제가 자녀들과 직접 해본 것, 학생들을 가르쳐보고 성과가 좋았던 것 위주로 추렸습니다. 직접 검증하고 효과를 본 것들로 구성했기 때문에 독자들에겐 더욱 도움이 되시리라 믿습니다. 자녀교육의 어려움을 겪는 모든 부모님들이 희망을 가지고 도전해 보시길 기대합니다. 책을 기다려주시고 읽어주신 모든 분께 감사드립니다. 고맙습니다.

2021년 가을

김성효 씀

차례

프롤로그 부모와 함께하는 20분이 아이의 미래를 바꾼다   004

PART 01 아이를 바꾸는 20분의 기적

1 평생 공부력은 초등 20분에 결정된다

초등학생이 공부에 집중하지 못하는 이유   019

작은 성취가 쌓이면 공부와 친해진다   028

관계와 공간을 바꾸면 학습력이 올라간다   033

공부 잘하는 아이로 키우는 부모 유형   040

2 20분 학습을 시작하는 일곱 가지 핵심 원칙

첫째, 약점은 보완하고 강점은 더 강하게 밀어준다   047

둘째, 밥상머리 교육을 한다   050

셋째, 너그러움을 가르친다   054

넷째, 감사를 가르친다   059

다섯째, 자녀의 말에 귀 기울이고 기다려준다   063

여섯째, 믿을 만한 이에게 조언을 구한다   066

일곱째, 잔소리 대신 '너를 믿어'라고 말한다   070

PART 02 학습의 기초를 쌓는 시간

③ 문해력이 높아지는 20분 독서법

왜 부모와 아이가 함께 읽어야 할까?   077

부모와 함께 읽기가 필요한 네 가지 아이 유형   082

전략적으로 읽으면 교과서가 쉬워진다   088

책 내용을 질문하며 이야기 나누기   092

의미 단위 읽기를 지금 당장 시작하라   099

책이 싫다는 아이는 어떻게 가르쳐야 할까?   104

④ 짧은 글부터 긴 글까지 쉽게 쓰기

어떤 엄마도 글쓰기 선생님이 될 수 있다   117

학교에서 가르쳐주지 않는 글쓰기의 비밀   120

글쓰기를 잘하기 위한 두 가지 방법   127

포스트잇 여섯 장으로 독후감을 쓸 수 있다   138

A4 한 장으로 끝내는 논술 쓰기   145

PART 03 공부가 재미있어지는 시간

⑤ 문맥을 정확하게 이해하는 20분 국어 공부

모든 공부의 시작이자 뿌리, 국어   155

어휘를 익히는 세 가지 방법   159

짧은 문장에서 긴 문장으로, 독해력 길러주기   167

어떻게, 얼마나 읽어야 할까?   175

6 **듣고 말하기에 자신감이 생기는 20분 영어 공부**

영어, 어떻게 가르치고 있나요?　　　　　　　　　183

짧아도 된다, 영어로 말하기에 익숙해지기　　　　187

듣기와 어휘, 무엇이 먼저일까?　　　　　　　　　194

단어와 문장을 쉽게 익히려면?　　　　　　　　　199

7 **매일 실력이 오르는 20분 수학 공부**

초등 수학에서는 무엇을 배울까?　　　　　　　　205

단계별 레벨 업으로 기초 쌓기　　　　　　　　　210

예습보다 복습이 중요한 수학　　　　　　　　　217

8 **종합적 사고를 배우는 20분 사회 공부**

핵심 개념과 전체 맥락을 함께 익히기　　　　　　223

마인드맵을 활용하면 역사가 한눈에 보인다　　　228

비주얼싱킹으로 수업 내용 복습하기　　　　　　233

토크스틱 대화로 생각의 폭 넓혀주기　　　　　　237

9 **스스로 답을 찾아가는 20분 과학 공부**

호기심을 채워주면 과학이 재미있어진다　　　　243

과학 공부는 올바른 질문에서 시작한다　　　　　248

과학 공부에 꼭 필요한 과학 글쓰기　　　　　　253

쉽고 재밌는 과학탐구 보고서 쓰기　　　　　　　260

과학 토론으로 논리력 키우기　　　　　　　　　264

PART 04 아이의 마음을 여는 시간

⑩ 스마트폰을 이기는 아이로 키우기

우리 아이를 지키는 미디어 리터러시　　　　　　　273

스마트폰 사용, 어떻게 지도해야 할까?　　　　　　277

스마트폰을 현명하게 사용하기 위한 비평 활동　　284

엄마랑 아이가 함께 크리에이터 되기　　　　　　　293

⑪ 놀이를 통해 건강하게 관계 맺기

놀이가 주는 세 가지 선물　　　　　　　　　　　303

아이가 바라는 좋은 부모 vs 부모가 생각하는 좋은 부모　　308

아이들이 좋아하는 최고의 놀이　　　　　　　　　311

가족을 깊이 알아가는 소중한 시간　　　　　　　317

손으로 놀면 머리가 좋아진다　　　　　　　　　322

에필로그 아이는 결국 부모의 믿음으로 자란다　　328

참고한 자료　　　　　　　　　　　　　　　　　331

'20분 완성 학습 활동' 목록

읽기 1 수준별 책 읽기   096

읽기 2 의미 단위로 끊어 읽기   102

읽기 3 책으로 노는 아홉 가지 방법   107

쓰기 1 자세하게 쓰기   130

쓰기 2 풍부하게 쓰기   132

쓰기 3 자세하고 풍부하게 쓰기(1, 2단계)   134

쓰기 4 독후감 쓰기   141

쓰기 5 논술 쓰기   147

국어 1 어휘력 늘리기   165

국어 2 한 문장으로 요약하기   172

국어 3 글에 제목 붙이기   174

국어 4 뒷이야기 꾸며서 쓰기   180

영어 1 세 문장으로 말하기   191

영어 2 주제 바꿔서 말하기   193

영어 3 영어 연설하기   198

영어 4 영어 신문 읽고 베껴 쓰기   203

수학 1 연산 훈련하기   209

수학 2 암산하기   216

수학 3 도형이랑 놀기   221

사회 1 마인드맵으로 역사 공부하기   **231**

사회 2 비주얼싱킹으로 사회 공부하기   **236**

사회 3 토크스틱 말하기   **240**

과학 1 과학 신문 만들기   **258**

과학 2 함께 과학 토론하기   **267**

미디어 1 가사나 영상의 제목 살펴보기   **290**

미디어 2 기사 읽고 비평하기   **291**

미디어 3 댓글은 소중해   **292**

미디어 4 영상 제작 준비하기   **298**

미디어 5 스톱모션 기법으로 영상 제작하기   **299**

미디어 6 모션 포트레이트 앱 활용하기   **300**

미디어 7 키네마스터 앱으로 영상 일기 쓰기   **301**

놀이 1 빙고 놀이하기   **316**

놀이 2 우리 가족 퀴즈 대회   **320**

놀이 3 우리 가족 기네스   **321**

놀이 4 색종이 접기   **326**

놀이 5 손바느질하기   **327**

PART 01

10분만 지나도 엉덩이가 들썩이는 아이들을 한 시간이고 두 시간
이고 억지로 공부 시킨다면 아이는 점점 공부와 멀어질 수밖에 없
습니다. 초등학생의 짧은 집중력을 고려한 20분 학습법으로 아이
들이 공부의 재미를 알 수 있도록 도와주세요.

아이를 바꾸는
20분의 기적

평생 공부력은
초등 20분에 결정된다

초등학생이 공부에
집중하지 못하는 이유

6학년을 담임했을 때 일입니다. 5교시 수업이 시작되고 얼마나 지났을까요. 열심히 칠판에 중요한 내용을 적는데, 뒤에서 아이들이 킥킥대는 소리가 들렸습니다.

"선생님, 지훈이 자요."

그 말에 깜짝 놀라서 돌아보니 정말로 지훈이가 자고 있었습니다. 그것도 쿨쿨, 세상모르고 자더군요. 분명히 수업을 시작하면서 옛날이야기를 해줄 때는 잘 들었는데 그새 꿈나라로 빠진 것이었습니다.

초등학생의 집중력이 얼마나 짧은지 교사보다 잘 아는 사람도 없을 겁니다. 초등학생들은 집중력이 정말로 짧습니다. 10분 남짓 같은 활동을 하면 벌써 지루해서 몸을 비틉니다. 40분 수업 내내 초등학교에서 똑같은 활동을 하는 일은 정말이지 상상도 할 수가 없습니다. 이건 교사에게도 학생에게도 고역입니다.

그래서인지 요즘 교과서는 구성 체계 자체가 아이들이 배우는 활동과 단계에 초점을 맞추고 있습니다. 예를 들어볼까요. 초등 6학년 1학기 사회 과목에서 '법원에서 하는 일'을 배우는 차시입니다.

학습 목표: 법원에서 하는 일을 알아봅시다.
- 도입 → **법원에서 재판을 받고 있는 삽화**
- 법원에서 하는 일 배우기 → **삽화로 설명**(중요 내용)
  ① 사람들 사이의 다툼을 해결해 준다.
  ② 법을 지키지 않은 사람을 처벌한다.
  ③ 개인과 국가, 지방 자치 단체 사이에서 생긴 갈등을 해결해 준다.
- 재판이 필요한 까닭, 3심제도 → **글로 설명**
- 헌법 재판소에서 하는 일 배우기 → **박스 처리, 글로 설명**

어른 눈에는 글로만 설명한 것이 읽기 쉽습니다. 이렇게 삽화와 만화 등이 여기저기 섞여 있는 교과서가 산만해 보일 수도 있습니다.

저는 국립부설초등학교에서 5년 동안 교육과정 개정을 위한 교과서 분석을 했습니다. 제가 개정 교육과정 교과서를 보고 가장 먼저 했던 생각은 '아, 산만하다'였습니다. 이건 글 위주 교과서로 공부해 온 어른의 시선이고, 아이들은 또 그렇지 않았습니다. 아이들은 만화나 그림이 많으면 많은 대로 오히려 재밌게 생각했습니다.

교과서는 학생들이 활동을 하나씩 차근차근 따라가다 보면 학습 목표에 자연스럽게 도달할 수 있게 돼 있습니다. 활동 하나하나 적절하게 시간 분배가 돼 있어서, 아이들의 집중력이 흐트러질 즈음엔 자연스럽게 다른 활동으로 넘어갑니다. 40분 동안 집중력이 흐트러졌다가 다시 좋아졌다가를 반복하는 초등학생의 행동 특성상 교과서를 아예 그렇게 만든 것입니다.

전국의 모든 초등학생들이 이런 식으로 매일 공부합니다. 학생들에게는 그게 가장 잘 배우는 방법이고, 교사에게는 가장 덜 힘들여서 가르칠 수 있는 방식입니다. 교과서와 교사, 교육과정이 거의 세트와 같죠.

교직 경력이 수십 년씩 된 베테랑 교사들은 수업할 때 잠시도 가만히 있지 않습니다. 교실을 돌아다니면서, 잘하는 아이와 그렇지 않은 아이를 확인하고, 학습 내용을 이해했는지 아이들에게 끝없이 질문합니다. 그런데도 수업이 어렵다고 늘 호소합니다.

반면 가정에서 아이를 가르칠 때는 어떤가요? 대부분 이렇게 단계를 하나하나 밟아가면서 가르치지 않습니다. 교과서를 한두 번 읽고, 문제집을 풀고, 채점하는 식입니다. 물론 저도 마찬가지입니다. 집에선 학교에서 수업하듯이 친절하게 가르치지 않습니다. 한 단계 한 단계 밟아가면서 집중력이 흐트러지는지 질문하고 꼼꼼하게 체크하지 않지요. 이건 한마디로 초등학생이 학교에서 수업 받는 것과는 매우 다른 방식입니다.

학교 수업도 집중하기 힘들어하는 아이들이 집에서 하는 공부에 집중하기란 쉽지 않습니다. 아이가 가진 짧은 집중력을 고려하지 않는다면 당연히 아이는 공부가 고역이 될 수밖에 없습니다.

자꾸만 엉덩이가 들썩거리는 아이들

"선생님, 저희 아이는 공부한다고 의자에 앉았다가도 금방 일어나서 물 마시러 간다, 화장실 간다 하면서 엉덩이가 들썩들썩해요. 공부는 엉덩이 힘으로 한다는데, 이래도 괜찮은지 모르겠어요."

많은 학부모님에게 듣던 고민입니다. 이건 아이 잘못이라기보다는 아이들의 뇌와 발달 특성 때문입니다. 2020년 9월에 tvN에서 방영된 〈미래수업〉에서 소아정신과 의사인 노규식 교수는 초등 1학년 학생들의 평균 집중시간이 10분에서 15분 남짓이라고 말했습니다. 앞서 소개한 교실 속 사례만 봐도 이 시간을 넘어서면 이미 초등학생의 집중력은 떨어진 상태입니다. 왜 그런 것일까요?

학습과 관련해 꼭 필요한 자기조절 능력과 주의집중력 등은 초등학교 시기에 발달합니다. 자기조절 능력은 의도적으로 자신의 행동을 통제하는 능력을 말합니다. 공부할 때는 의도적으로 행동을 통제하는 자기조절 능력이 중요할 수밖에 없습니다. 목표(해야 할 과제)를 생각하면서 충동(돌아다니기, 딴생각하기 등)과 유혹(잡담, 텔레비전, 게임, 스마트폰 등)을 참아야 하니까요.

공부를 하는 데는 주의집중력도 매우 중요합니다. 주의집중력은 주의력(attention)과 집중력(concentration)으로 구성되어 있습니다. 주의력은 외부 정보에 의도적으로 초점을 맞추는 것이고, 집중력은 주의를 집중한 상태를 오래 유지하는 것입니다. 공부하는 동안 쓸데없는 소리나 자극에 반응하지 않고 공부에만 주의를 집중하는 능력이지요.

물론 기질적으로 청각 자극이나 시각 자극에 예민한 아이도 있습니다. 청각 자극에 예민한 아이는 책장 넘기는 소리, 동생이 노는 소리에도 곧바로 집중력이 흐트러집니다. 시각적으로 예민한 아이는 유튜브나 스마트폰처럼 큰 시각 자극을 받은 직후에는 집중하기가 힘듭니다. 공부할 때는 이런 자극에 바로 반응하는 충동을 다스리고 조절하는 능력이 모두 요구됩니다.

초등학생 때는 뇌에서 이런 능력들을 총지휘하는 전두엽이 아직 발달하는 중입니다. 아이마다 발달 시기는 조금씩 다르지만, 초등학생 대부분이 자기조절이나 주의집중이 잘 안 될 수밖에 없습니다. 자기조절 능력은 만 4~6세에 발달을 시작해서 사춘기가 지나 성인이 돼서야 발달이 끝납니다. 주의집중력도 그냥 생기는 것이 아니라 충분히 훈련하고 노력해야만 비로소 내 것으로 만들 수 있습니다. 우리 아이만 유별나게 엉덩이 힘이 없는 게 아니라는 뜻입니다.

어떤 분야의 전문가가 되려면 최소한 1만 시간의 훈련이 필요하다는 '1만 시간의 법칙'으로 유명한 플로리다주립대학 심리학과 앤더스 에릭슨 교수의 연구에 따르면 평범한 성인이 하루에 집중할 수 있는 시간은 1시간 정도라고 합니다.[2] 숙달된 전문가가 되면 최대 4시간까지 늘릴 수는 있지만, 이 이상 몰입을 유지하기는 어렵다고 합니다.

인간의 뇌는 활동을 시작한 지 30분이 지나면 정보 전달 속도가 느려지고, 50분 정도가 되면 뇌세포가 제대로 기능하지 않습니다.[3] 생각보다 아주 짧은 시간이지요? 맞습니다. 우리 뇌는 기본적으로 멀티태스킹을 못하고, 한 번에 한 가지 일도 잘하기 어렵습니다. 전문가들은 집중력을 높이려면 업무를 25분씩 쪼개라고 조언합니다. 25분 몰입했다가 5분 쉬었다가, 다시 25분 몰입했다가 5분 쉬었다가를 반복하면 오히려 뇌가 주의집중을 더 잘한다는 겁니다.

최근 경희대 조은아 교수가 사람들이 온라인 음악 공연에 몰입한 시간을 설문했습니다.[4] 학생과 음악 애호가 그룹으로 나누어 설문한 결과는 매우 흥미롭습니다. 공연의 퀄리티는 처음부터 끝까지 동일했는데 학생 그룹과 음악 애호가 그룹에서 모두 높은 비율로 음악 자체에 몰입한 시간을 20분으로 꼽았습니다.

이들은 콘텐츠의 적정 길이를 30분 이내라고 대답했습니다. 아이들이 40분씩 이어지는 온라인 수업에 집중하지 못한다고 나무랄 게 못 되는 것이죠.

그렇다면 초등학생의 학습 효과를 최대한 끌어올릴 수 있는 최적의 공부 시간과 공부 방법은 무엇일까요?

바로 '20분 공부법'입니다. 20분이라는 시간은 짧고 효율적으로 한 가지 활동에 집중할 수 있으며, 동시에 초등학생의 평균 집중력인 10~15분을 살짝 넘어서는 정도이기 때문에 누구나 도전해 볼 수 있습니다. 초등학생의 뇌와 학습력을 가장 효과적이고 적절하게 자극하는 도전 과제라는 뜻입니다.

자기주도학습의 기초를 쌓는 '집중'의 힘

2학년을 담임했을 때 일입니다. 반에 어릴 때부터 함께 자란 친한 아이들이 있었습니다. 지연이와 태민이입니다. 두 아이는 아버지들이 같은 회사에 다녔고, 같은 아파트에 살고, 같은 학원에 다녔습니다. 심지어 받아쓰기 시험에서 맞는 점수도 같았습니다. 공통점이 많다 보니 엄마들끼리도 단짝 친구처럼 친했습니다.

담임으로서 느끼는 차이라면 지연이는 한 가지 일에 집중하는 시간이 짧고 산만한 편이고, 태민이는 집중력이 좋고 항상 자기가 해야 할 일을 먼저 깔끔하게 마무리하는 편이었습니다. 학년 말에 지연이 엄마에게는 따로 조언을 해드렸습니다.

"저학년 때는 대부분 아이가 집중하는 시간이 짧습니다. 집중을 잘하고 못하고가 큰 차이가 안 나죠. 하지만 시간이 갈수록 누가 집중력을 잘 길렀느냐가 중요해집니다. 지연이가 한 번에 한 가지 일에만 집중하도록 지금부터라도 습관을 잡아주세요. 이 부분 꼭 기억하셨으면 합니다."

시간이 흘러서 두 아이를 6학년 때 담임으로 다시 만나게 됐습니다. 태민이는 반에서도 손꼽히게 공부를 잘하는 아이로 자란 반면, 지연이는 여전히 산만한 데다가 성적도 많이 떨어져 있었습니다. 다시 만난 지연이 엄마는 안 그러려고 해도 태민이와 자꾸 비교하게 된다면서 속상해했습니다.

가정환경도 비슷하고, 다닌 학교와 학원도 같은 두 아이의 차이가 어디에서 왔을까요? 바로 한 번에 한 가지 일에 얼마나 잘 집중하는가에서 시작된 것이었습니다.

여기서 반드시 기억해야 할 점은 어떤 아이든 한 번에 집중력이 확 늘거나 하진 않는다는 것입니다. 집중력이든 독해력이든 공부든 천천히 늘고 서서히 좋아집니다.

우리가 더운 여름날 왜 땀을 흘릴까요? 체온을 일정하게 유지하기 위해서입니다. 인간에겐 마치 체온처럼 오래도록 유지해 온 다양한 습관과 행동 양식들이 있습니다. 공부를 안 하던 아이가 갑자기 공부를 하지 못하는 것도, 운동을 안 하던 사람이 운동을 하기 싫어하는 것도 몸에 깊이 배어 있는 항상성 때문입니다. 이걸 무시하고 하루아침에 아이가 짠 하고 달라질 거라고 생각한다면 그건 대단한 오해입니다.

공부나 독서, 글쓰기 모두 마찬가지입니다. 처음부터 욕심을 내서 한두 시간은 거뜬히 해낼 거라고 생각하면 그 자체로 아이와 엄마 모두가 지치게 됩니다. 그보다 20분 바짝 집중해서 공부하고, 잠깐 쉬었다가 다시 20분 공부, 또 조금 쉬었다가 20분 공부하는 식으로 서서히 습관을 잡아가는 게 좋습니다.

이렇게 꾸준하게 서서히 집중력을 키워가면 나중에는 2시간도 3시간도 거뜬히 혼자서 공부하는 힘을 갖게 됩니다. 우리가 바라고 기대하는 바로 그 자기주도학습의 힘을 갖는 것이죠.

특히 초등학교 때 습관을 잡아주면 저학년이나 고학년이나 할 것 없이 집중력을 최상으로 유지하면서 계속 공부할 수 있습니다. 20분씩 활동하는 패턴을 익히게 되면 깊이 집중할 수 있기 때문에, 무엇을 해도 지루하다고 느낄 새도 없이 활동이 끝나버립니다.

작은 성취가 쌓이면
공부와 친해진다

2

초3인 A는 집에 오면 매일 놀기만 합니다. 공부에도 흥미가 없고, 엄마가 옆에 붙어 있지 않으면 숙제도 제대로 안 합니다. 엄마는 이런 아이를 보면 속이 터집니다.

초4인 B는 집에 오면 곧바로 신문 기사를 읽습니다. 예습·복습을 한 다음 스스로 수학 문제를 풉니다. 전에는 엄마가 옆에서 지켜봐야 공부했지만 지금은 다릅니다. 숙제는 물론이고 학습 계획까지 혼자 알아서 짭니다. 집중하는 시간도 늘어서 지금은 누가 지켜보지 않아도 한 시간 이상 수학 문제를 풉니다.

어떠신가요? 'A의 엄마는 힘들고, B의 엄마는 참으로 뿌듯하겠다'는 생각이 드실 겁니다. 그런데 흥미롭게도 A와 B는 같은 아이입니다. 그것도 1년 만에 이렇게 달라졌습니다. 이 이야기는 〈KBS 수요기획-하루 10분의 기적〉에 나오는 전보민 어린이의 실제 사례입니다. 보민이가 이렇게 달라진 비결은 무엇이었을까요?

놀랍게도 아주 간단했습니다. 매일 10분씩 수학 문제 풀기. 보민이는 매일 아침 10분씩 수학 문제를 푸는 것으로 이런 변화를 경험했다고 합니다. 보민이 엄마는 방송에서 10분의 기적을 보았다면서 몹시 뿌듯해했지요.

방송에서는 10분 학습 전과 후의 보민이 뇌파를 측정했습니다. 측정 결과 10분 학습을 한 다음 전두엽이 크게 활성화됐습니다. 전두엽은 인지, 학습과 관련한 일을 하는 부위로 뇌의 사령탑과 같은 역할을 합니다. 특히 전두엽은 기분, 우울증, 조증과 같은 정서와도 깊이 관련이 있습니다. 뇌에서 감정을 다루는 부위와 학습을 하는 부위들은 서로 연관되어 있기 때문에 기분 좋은 상태로 공부하면 더 잘 기억하고, 학습도 더 잘 된다고 합니다.

락싸 기술연구소의 김기성 책임연구원은 실험 결과를 "10분이라는 짧은 시간이지만 그만큼 집중해서 공부하고 나면 뇌파에서 집중 지표 값이 올라간다는 것을 확인할 수 있다"고 설명했습니다. 이는 단순히 아이가 얼마나 앉아 있었느냐가 아닌, 얼마나 집중해서 몰입하느냐에 따라 그만큼 뇌가 집중하는 값 자체가 달라진다는 것을 보여줍니다.

이 방송에서 뇌가 좋아하는 공부법으로 꼽은 것은 크게 세 가지입니다. 첫째, 강화 학습입니다. 어떤 것을 성취할 때 뇌에서 도파민이라는 쾌락 물질이 분비되는데, 이런 성취감을 학습에서 맛보게 되면 아이는 더 열심히 공부하게 됩니다. 학습에서 기분 좋은 성취감을 꾸준히 맛보는 것으로 공부를 할 만한 것, 도전해 볼 수 있는 것으로 인지하게 되지요. 이런 경험은 아이를 학습과 친해지게 만들고 공부를 해볼 만한 도전 과제로 여기게 도와줍니다.

둘째, 시간제한을 두는 학습입니다. 시간에 제한이 있을 경우 뇌는 시간 안에 해당 과제를 마치기 위해서 더 부지런히 움직이게 됩니다. 학습에서도 시간을 제한하는 식으로 과제를 제시하면 뇌가 더 활성화되면서 학습 컨디션을 최적으로 만들어 줍니다. 이때 나오는 세로토닌이라는 호르몬은 분비 시간이 채 30분이 안 됩니다. 단순히 긴 시간 책상 앞에서 엉덩이를 붙이고 있는 공부가 효율성이 떨어지는 것도 이런 호르몬과 연관이 있는 것이지요.

셋째, 플로(Flow), 즉 몰입을 경험하는 학습입니다. 짧은 시간 같은 과제에 몰입하는 힘을 키워주는 것인데, 아이는 이 경험을 바탕으로 더 다양하고 많은 과제를 집중해서 해결해 나갈 수 있게 됩니다. 이는 장기적으로 봤을 때 우리가 아이에게 기대하는 '긴 시간을 집중하는 학습'을 가능하게 만들어 줍니다.

매일 경험하는 작은 성취로 긍정적인 공부 정서 심어주기

만약 보민이가 매일 아침 10분씩 수학 문제를 푼 게 아니라 1시간씩 풀었다면 어떤 일이 벌어졌을까요? 수학 문제 풀기는 시간이 많이 걸리는 고단한 일이 됐을 겁니다. 짧은 시간이었기 때문에 해볼 만한 일이 되었고, 보민이가 혼자서도 도전할 수 있는 만만하고 쉬운 일일 수 있었던 것입니다. 특히 매일 아침마다 경험하는 학습에서의 작은 성취들은 보민이에게 기분 좋은 공부 정서를 심어주었고, 이는 다시 전두엽을 활성화시키는 효과를 가져왔습니다.

긴 시간을 공부하는 것부터 시작한다면 아이도 엄마도 힘들지만, 짧은 시간 집중해서 공부할 수 있도록 아이를 이끌어준다면 보민이가 했던 것처럼 어떤 아이도 달라질 수 있습니다. 이 놀라운 변화는 지금 당장, 오늘부터 어느 가정에서나 만들어낼 수 있습니다. 초등학생은 정말로 작은 것에서도 성취감을 맛보고 성장하는 놀라운 존재니까요.

처음 저학년을 담임했을 때 아이들이 색종이로 개구리며, 공룡이며 하는 것들을 접어서 아침마다 제게 선물로 주었습니다. 하루 이틀 지나니, 책상에 아이들이 접어준 색종이 작품들이 수북이 쌓였습니다. 아이들 보는 데서 버릴 수도 없고, 그렇다고 마냥 쌓아둘 수도 없고, 어떻게 할까 고민이 됐습니다. 마침 옆 반 선생님이 저학년만 십 년 넘게 담임하신 터라 어떻게 해야 할지 여쭤보았습니다.

"선생님, 저학년 아이들한텐 자잘한 색종이 작품도 엄청 소중하고 귀한 거예요. 그 귀한 걸 선생님께 준 건데, 함부로 구기거나 쓰레기통에 버리면 절대로 안 돼요."

그때 선생님의 말씀에 얼마나 크게 놀랐는지 모릅니다. 초등학생이 해내는 작은 일들을 어른이 얼마나 귀하고 크게 보느냐에 따라 앞으로 아이들이 해낼 수 있는 성취의 가능성이 달라진다는 것을 처음 깨달았습니다.

초등학생은 정말로 작은 일 하나도 잘했다고 격려해 줘야 하고, 존중해 줘야 합니다. '옆집 아이가 푸는 문제집을 우리 아이도 푸는 게 당연하지, 남들 다 다니는 학원에 우리 애도 다니는데 그게 무슨 고생이야'라고 생각해 버리면 사실 초등학생은 칭찬할 것도 없고 격려할 것도 별로 없습니다.

앞으로는 아이가 해내는 노력들을 하나하나 소중하게 바라봐 주세요. 오늘 10분을 공부했으면 그 자체로 이미 발을 뗐다고 생각하시면 됩니다. 오늘 10분 공부했으니 내일도 열심히 해보자, 다독여주고 격려해 주세요. 그렇게 한 발짝씩 걷다 보면 정말로 20분을 훌쩍 넘어 1시간이고 2시간이고 집중해서 공부도 하고 글도 쓰고 책도 읽고 재미있게 노는 아이를 보게 되실 겁니다.

관계와 공간을 바꾸면
학습력이 올라간다

"선생님, 죄송하지만 제가 이야기하면 성연이가 잘 안 들어서요. 선생님이 따끔하게 혼 좀 내주세요. 제가 혼내달라고 했던 건 비밀로 해주세요."

고민 끝에 성연이 담임 선생님께 전화를 드렸습니다. 큰딸인 성연이는 초등학교 1학년 때 학교에 가방을 안 메고 간 적이 있습니다. 실내화를 놓고 가서 맨발로 다닌 날도 있고요. 준비물을 안 챙기는 버릇 때문이었는데 집에서 몇 번이고 혼내도 소용없고 잔소리도 하루 이틀이어서 결국 성연이 담임 선생님께 부탁했던 것입니다.

엄마가 그렇게나 잔소리할 때는 안 고쳐지던 버릇이 선생님이 한 번 꾸짖으신 다음엔 거짓말처럼 싹 고쳐졌습니다. 자기 전에 스스로 준비물을 챙기는 모습을 보면서 참 신기하다고 생각했습니다. 저보다 몇 년 후배 선생님이 담임이셨는데, 그때 그 선생님이 어찌나 대단해 보이던지요.

엄마가 잔소리하고 야단하는 것은 그렇게나 안 하는 아이가, 선생님이 몇 마디 하면 정신 번쩍 차리고 언제 그랬냐는 듯 숙제도 하고, 수학 문제집도 풀고, 영어 단어도 외우지요. 엄마 말은 안 듣는데 왜 선생님 말은 잘 들을까, 생각해 본 적 있으신가요?

과거에는 엄마와 아이의 관계가 매우 수직적이었습니다. 한석봉의 어머니가 "너는 어둠 속에서 글을 써라, 엄마는 떡을 썰겠다" 했을 때, 한석봉은 어머니에게 왜 어둠 속에서 글을 써야 하냐고 되묻지 않았습니다. 묵묵히 글씨 쓰기를 연습했죠.

과거에는 엄마의 권위가 높았기 때문에 자녀를 꾸짖거나 가르치는 일이 쉬웠습니다. 지금 돌이켜 생각해 보면 저희 엄마는 저를 키울 때 글자를 직접 가르쳤고, 구구단도 직접 가르쳤습니다. 커서 제가 속을 썩였을 때도 선생님에게 혼내달라는 전화를 하지 않았습니다. 엄마가 직접 야단했죠.

지금은 다릅니다. 지금은 엄마가 아이와 수평적인 관계를 유지하고 싶어 합니다. 누구보다 엄마 자신이 그걸 원합니다. 물론 저도 그랬습니다. 저도 아이와 친구처럼 지내고 싶었습니다. 친구처럼 같이 놀고, 같이 이야기하고 싶었습니다.

지난 18년 동안 두 아이를 키우면서 이 생각이 모순이라는 걸 자연스레 깨닫게 됐습니다. 다른 관계는 수평적인 걸 원하면서 공부할 때만큼은 수직적으로라도 가르치고 싶어 한다면 아이는 어떻게 받아들일까, 생각하게 됐죠.

선생님 말은 들어도 엄마 말은 안 듣는 아이들

엄마와 선생님은 역할의 정체성 자체가 다릅니다. 아이에게 엄마는 자신을 돌보고 기르는 사람이고, 선생님은 자신을 가르치는 사람입니다. 엄마 같은 선생님, 선생님 같은 엄마일 수는 있겠지만 애초에 엄마는 선생님과 역할 자체가 다른 것입니다. 엄마가 선생님이었다가 세상 만만한 엄마였다가 해버리면 아이는 헷갈립니다. 엄마의 정체성과 역할이 왔다 갔다 하기 때문에 엄마하고는 공부하기가 싫어지죠.

이렇듯 내가 엄마로서 정체성을 어떻게 자리매김해 왔나 살펴보아야 아이와 함께하는 시간에도 바람직한 변화를 가져올 수 있습니다. 가정에서 어떤 교육을 하든 이 부분을 솔직하게 인정하고 시작하는 게 좋습니다. 그래야 근본적으로 엄마와 함께하는 공부에 대한 생각과 방법을 바꿀 수 있습니다.

아이가 공부할 때 엄마는 조력자, 안내자, 코치의 역할을 맡아야 합니다. 끝까지 아이와 함께하고 싶다면 수직적으로 강제하지 말고, 옆에서 함께 걸어주는 마음이 더 필요합니다. 그렇다면 가르치는 사람으로서 엄마는 자신을 어떻게 자리매김하는 게 좋을까요?

우선 엄마가 가정에서 가르칠 때 무엇을 기대하는지 목적을 명확하게 하는 게 좋습니다. 학원이나 학교를 대신해서 가르칠 것인지, 아니면 아이의 부족한 부분을 채워줄 것인지, 만약 선생님처럼 가르치고 싶다면 무엇을 바꿔야 할지 등을 스스로 성찰해 보는 과정이 필요합니다.

엄마가 교사가 되려면 해야 할 일이 한두 개가 아닙니다. 가르치는 것부터 결과까지 모두 엄마의 책임일 뿐 아니라 여기에서 오는 스트레스도 큽니다. 아이와 자신을 동일시하는 엄마로서는 아이가 잘 못하면 다 엄마 잘못인 것 같아 죄책감마저 느껴집니다.

저는 엄격하고 완벽한 교사 같은 엄마가 되려 하는 것보다 엄마 자신의 정체성과 장점을 살리는 게 좋다고 생각합니다. 아이가 태어난 순간부터 지금까지 함께해 온 엄마의 가장 큰 장점을 살려 '코치'로서 역할을 하는 겁니다. 코치가 되면 무엇보다 엄마의 심적 부담을 덜 수 있고, 아이의 성장과 발전에 초점을 두고 함께 노력하는 진짜 엄마표 공부를 할 수 있습니다.

공부를 잘하기 위해서는 무엇보다 공부하는 방법을 가르쳐주는 게 중요합니다. 예를 들면 "시험 잘 보면 선물 사줄게"가 아니라 "시험을 잘 보려면 여기부터 여기까지 세 번 읽고 내용을 요약해 보는 게 좋겠어"처럼 구체적인 방법을 알려주는 것입니다.

이런 방법이 효과를 거두려면 아이 곁에서 학습 코칭을 해줄 사람이 반드시 필요합니다. 뉴욕시립대학교의 누리아 로드리게스 교수의 연구에 따르면 아이에게 학습 코칭을 해주는 사람이 있을 경우 학력이 개선되는 효과가 나타났다고 합니다.[5]

또한 요즘 전문가들이 입을 모아 중요하다고 강조하는 '그릿

(grit)', 즉 끈기는 아이가 끝없이 노력하고 배워야 하는 덕목 중 하나입니다. 펜실베이니아대학의 심리학자 앤절라 더크워스 교수는 그릿을 '성공을 예측할 수 있는 성격'이라고 강조합니다. 공부에선 실력이 오를 때까지 끈기 있게 노력하는 힘이 반드시 필요한데, 아이가 끈기가 있는가 없는가 하는 문제는 아이를 오랜 시간 곁에서 지켜보지 않고서는 알 수가 없습니다.

결국 가장 가까이에서 아이를 지켜봐 온 부모야말로 아이에게 가장 적합한 지도자이자 학습 코치인 셈입니다.

이 외에도 긍정적인 공부 정서 심어주기, 아이에게 필요한 학습 동기와 의욕을 자극하기, 구체적인 학습 전략과 공부 방법을 가르쳐주기, 끈기 있게 노력하는 태도와 습관 길러주기 등은 초등학교 학부모가 아이에게 반드시 코칭해야 할 일들입니다.

공부만 하는 공간 만들기

최근 SNS에서 도서관보다 더 도서관처럼 꾸며놓은 집을 본 적이 있습니다. 아직 아이들이 어린데도 책을 대형 서점 못지않게 가득 채워놓은 것을 보면서 대단하다고 생각했습니다. 그런가 하면, 집에 독서실 책상을 갖다놓고 독서실 같은 분위기를 만든 수험생도 있습니다. 집을 집이 아닌 공간처럼 꾸미는 것입니다.

집은 기본적으로 쉬고 자고 먹는 곳입니다. 굳이 강조하지 않아도 집을 먹고 자고 쉬는 곳이라고 여기기 때문에 누구나 집에 오면 눕고 싶고, 쉬고 싶어집니다. 아무리 다른 분위기로 집을 꾸며도 실제로 집에 들어갔을 때 느껴지는 첫 번째 느낌은 '아늑하고 편안하다'일 수밖에 없습니다.

대한민국에서 공부 잘하는 사람으로 가장 먼저 꼽는 게 수능 만점자들입니다. 이들에게 설문한 결과 수능 만점자들은 공부 장소로 집을 선택하지 않았습니다.[6] 무려 90퍼센트의 비율로 집이 아닌 다른 곳에서 공부했지요.

수능 만점자들의 공부 장소

공부 장소	비율
(학교) 교실, 자습실, 도서관, 기숙사 자습실	83.3%
(학교 밖) 독서실, 도서관	6.7%
(집) 내 방, 기숙사 방	10%

수능 만점자들은 공부하기 위한 최적의 장소로 교실과 도서관, 자습실을 꼽았습니다. 공부 잘하는 아이들은 의자도 책상도 딱딱해서 불편하더라도 공부는 공부를 위한 곳에서 하는 게 가장 좋다는 걸 본능적으로 아는 겁니다.

우리 아이들은 어떨까요? 집을 공부하는 곳이라고 생각할까요? 아니면 먹고 쉬고 자는 곳이라고 생각할까요. 당연히 후자입니다.

저만 해도 그렇습니다. 저는 집에서 지난 십 년 동안 책을 열여덟 권 썼습니다. 그런 저에게도 집은 쉬는 곳이지, 글 쓰는 곳이 아닙니다. 아이들도 마찬가지입니다. 집에서 아이들이 제대로 마음잡고 공부하는 것은 결코 쉬운 일이 아닙니다.

집에서 아이들과 공부하고 싶다면 가장 먼저 공간의 역할을 정해줘야 합니다. 공부하는 공간과 놀고 쉬는 공간을 정확하게 분리해 줘야 그곳에서는 공부를 하는 거구나, 하고 아이들이 몸으로 마음으로 인식하게 됩니다.

식구들이 다 같이 식사하는 공간에서 공부를 하거나, 공부를 해야 하는 곳에서 텔레비전을 보는 것은 좋지 않습니다. 그보다는 명확하게 공간을 구별해서 공부하는 데선 딱 공부만 하고, 잠을 자는 데서는 딱 잠만 자고, 노는 데선 놀기만 하는 식이 낫습니다.

엄마랑 공부할 때도 이 책상, 이 테이블, 이 공간에서만 할 거야, 라는 식으로 명확하게 짚어주세요. 공간에 힘을 실어주어야 그곳에 공부하는 분위기가 저절로 배어듭니다. 이렇게 공간과 역할을 명확하게 정하시면 아이도 따라오게 돼 있습니다.

만약 집에 동생이 있거나 공부방이 따로 없어도 공부할 때만큼은 아이가 조용히 공부에만 집중할 수 있도록 배려해 주세요. 공부할 때는 공부만, 놀 때는 놀기에만 집중하는 게 아이에겐 집중력을 기르는 데에도 도움이 됩니다.

4 공부 잘하는 아이로
키우는 부모 유형

인간의 뇌는 크게 본능의 뇌, 감정의 뇌, 이성의 뇌 세 층으로 이루어져 있습니다. 본능의 뇌(뇌간과 소뇌)는 파충류의 뇌라고도 부르는데, 뇌 가장 깊숙한 곳에서 생존을 위한 호흡, 체온과 맥박 조절 등에 관여합니다.

감정의 뇌(변연계)는 포유류의 뇌라고 부릅니다. 변연계는 정서를 주관하는 편도체, 기억을 담당하는 해마, 의욕을 일으키는 측좌핵 등으로 구성돼 있습니다. 인간이 감정 표현이 풍부한 것도 변연계가 발달해 있기 때문입니다. 이성의 뇌는 이성적인 판단을 하고 감정을 통제하는 등 뇌에서 총사령관 같은 역할을 합니다.

이성의 뇌에서도 사고하고 판단하는 일을 하는 게 앞이마엽입니다. 앞이마엽이 활성화된 사람은 문제해결 능력이 뛰어나고 계획을 잘 세우며 지능이 높습니다.[7] 반대의 경우는 낯선 문제에 대응하는 능력이 낮고 계획을 세우지 못합니다.

이마엽은 감정의 뇌인 변연계와 신경회로로 밀접하게 이어져 있습니다. 변연계가 활성화되면 학습 동기와 집중력 모두 높아지지만 변연계가 활성화되지 않으면 집중력이 떨어지고 학습 의욕도 느끼지 못하는 불안정한 상태가 되어 버립니다.

한마디로 기분이 좋으면 공부가 잘되고, 기분이 나쁘면 공부도 잘 안 됩니다. 공부 정서가 좋아야 편도에서 좋은 신호를 보내고, 편도 가까이에서 기억을 담당하는 해마는 더 잘 기억할 수 있게 됩니다.[8] 공부 잘하는 아이로 키우는 진짜 비밀은 공부 정서에 있다고도 말할 수 있겠지요.

부모는 아이의 기본적인 공부 정서를 만드는 가장 중요한 역할을 하는 사람입니다. 지금부터라도 자신을 돌아보고 부족한 부분을 보완하려는 노력을 해야 합니다. 전문가들은 부모의 유형을 일반적으로 애정과 통제라는 두 가지 기준으로 나누어서 설명합니다.

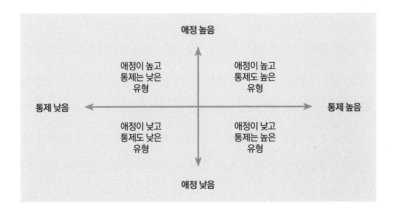

먼저 애정이 높고 통제도 높은 유형입니다. 이 유형은 아이에게 사랑을 듬뿍 주는 반면 하면 되는 행동과 안 되는 행동의 구별이 명확합니다. 아이나 부모 모두 돌발 상황에서도 당황하지 않고 잘 대처합니다.

애정이 높은데 통제는 낮은 유형은 아이에게 애정은 듬뿍 주지만, 해도 되는 행동과 안 되는 행동을 구별하지 않는 유형입니다. 평소에 아이가 버릇없이 행동하거나 다른 사람에게 피해를 줘도 부모가 이를 심각하게 생각하지 않는 경우도 많습니다. 가정에서는 아이의 행동을 다 허용해도 괜찮을지 모르겠지만, 학교는 많은 아이가 함께 생활하기 때문에 아이가 마음 내키는 대로만 행동하면 문제가 생길 가능성이 높습니다.

애정이 낮고 통제는 높은 유형은 부모가 애정 표현은 없고, 아이를 혼내고 야단하는 일은 많습니다. 이것도 안 되고 저것도 안 되고, 아이 행동에 늘 브레이크가 걸립니다. 만약 학교에서 가정에서만큼 제재를 가하지 않으면, 위축되고 주눅 들어 있던 아이가 갑자기 고삐 풀린 망아지처럼 행동하기도 합니다. 이런 경우 부모와 상담해 보면 집에서 많이 혼내고 야단하는데도 왜 학교에서 이런 행동을 하는지 이해할 수 없다고 말씀하시기도 합니다.

애정이 낮고 통제까지 낮은 유형은 아이가 거의 방임 상태에 놓여 있는 경우입니다. 바람직한 행동과 그렇지 않은 행동을 배울 기회가 없고, 부모가 아이에게 애정을 표현하는 일도 없습니다. 아이는 외롭고 버림받았다고 느끼기 때문에 평소 눈에 띄게 의기소침하거나 우울한 경우가 많습니다. 이와 반대로 매우 공격적으로 행동하거나 난폭하게 행동해서라도 주변 사람들의 관심을 끌고 싶어 하는 경우도 있습니다.

아이의 학습을 대하는 다섯 가지 부모 유형

부모는 아이를 애정과 통제라는 큰 축에서 양육하기 때문에 학습도 이를 바탕으로 생각하는 것이 좋습니다. 제가 교실에서 만났던 학부모들은 자녀 학습을 도와주는 모습에서 크게 몇 가지 유형으로 나눌 수 있었습니다.

먼저 회피형입니다. 아이의 학습을 지도할 때 자주 어려움을 느끼고 귀찮은 마음이 가득합니다. 과제나 준비물이 무엇인지 잘 모르며, 아이를 어떻게 도와주어야 할지도 잘 모릅니다. 아이가 공부를 잘하든 못하든 부모는 크게 관심이 없습니다.

다음은 동일시형입니다. 아이와 자신을 동일시하는 것은 일반적인 현상이지만, 모두가 지나친 동일시를 보이는 것은 아닙니다. 이 경우, 아이가 점수를 잘 못 받으면 지나칠 정도로 야단하고 화를 냅니다. 결과를 과정보다 훨씬 중요하게 여기는 유형으로 아이가 점수를 못 받은 일로 두고두고 속상해하기도 합니다.

고정형은 공부머리는 타고난다고 생각하는 유형입니다. 공부도 재능이니까 잘하는 아이, 못하는 아이가 정해져 있다고 믿습니다. 이미 결과가 정해져 있다고 믿기 때문에 시간이 오래 걸리는 일은 부모가 먼저 포기하려 합니다.

불안형은 아이를 믿고 학습을 맡기기엔 너무 불안하다고 생각하는 유형입니다. 부모가 아이를 믿지 못하기 때문에 자꾸만 간섭하게 됩니다. 저학년 때는 큰 문제가 없어 보이나, 학년이 올라갈수록 아이의 자기주장이 강해지기 때문에 학습에서 아이와 부딪치는 일이 점점 많아집니다.

코치형은 아이의 발전과 성장에 초점을 두고 지도하는 유형입니다. 시간이 걸리더라도 꼼꼼하게 지도하고, 아이가 발전해가는 과정들을 살피고 보완할 것이 무엇인지 아이와 함께 고민합니다. 부모가 한발 앞서서 지켜보지만, 아이를 간섭하기보다 지원하고 도와주는 역할을 합니다.

물론 이것은 제가 교실에서 만났던 학부모들의 대표적인 유형들을 정리한 것이고, 이보다 더 다양하고 복잡하게 유형들이 얽혀 있는 경우도 많습니다. 중요한 것은 아이의 성장은 반드시 시간이 걸리기 때문에 부모가 차분하고 끈기 있게 아이를 믿고 가르쳐주셔야 한다는 점입니다. 특히 아이의 학년이 올라갈수록 부모의 역할을 줄이고 아이 혼자서도 잘 해낼 수 있도록 믿고 맡길 수 있어야 합니다.

아이의 학습을 지도할 때 드러나는 부모 유형 체크리스트

유형	내용	YES/NO
회피형	아이의 학습을 지도하는 데 어려움을 자주 느낀다.	☐ ☐
	아이의 학습을 지도할 때 귀찮다는 생각이 자주 든다.	☐ ☐
	아이의 학습은 학교에서 모두 책임져야 한다고 생각한다.	☐ ☐
	아이가 해야 할 과제가 무엇인지 잘 모른다.	☐ ☐
	아이의 학습준비물이 무엇인지 모를 때가 많다.	☐ ☐
	초등학교 때 어떤 학습을 해야 하는지 관심이 없는 편이다.	☐ ☐
	담임선생님과 상담할 때 어떤 내용을 질문해야 할지 잘 모른다.	☐ ☐
코치형	아이의 학습 준비물이 무엇인지 잘 아는 편이다.	☐ ☐
	아이의 과제가 무엇인지 알고 도움을 주려 노력한다.	☐ ☐
	아이가 잘 모르는 부분을 도와주고 개선해 나가는 모습을 지켜보는 일이 즐겁다.	☐ ☐
	아이를 가르치는 일은 부모로서 꼭 해야 할 일이라고 생각한다.	☐ ☐
	부모로서 스스로 부족한 부분을 깨닫고, 보완하려는 노력을 끊임없이 하는 편이다.	☐ ☐
	부모 교육 강연이나 교육 프로그램에 관심이 많다.	☐ ☐
	아이가 공부를 잘하기를 기대하며, 잘할 거라고 믿고 있다.	☐ ☐
	아이의 노력이 머리보다 중요하다고 믿는다.	☐ ☐
	구체적인 공부 방법을 찾아서 가르쳐주는 일이 중요하다고 생각한다.	☐ ☐
고정형	공부머리는 타고난다고 생각한다.	☐ ☐
	공부는 타고나는 재능이기 때문에 노력은 크게 의미가 없다고 생각한다.	☐ ☐
	아이 공부에 관심이 있으나, 소극적인 편이다.	☐ ☐
	아이가 공부를 잘하면 좋을 텐데 하고 막연하게 생각한다.	☐ ☐
	구체적인 공부 방법이나 학습 전략을 잘 모른다.	☐ ☐
	아이 학습을 어떻게 도와주어야 할지 깊이 고민해 보지 않았다.	☐ ☐
동일시형	아이가 공부를 못하는 것은 부모에게 부끄러운 일이다.	☐ ☐
	아이가 점수를 잘 받지 못하면 창피하고 수치스럽다.	☐ ☐
	아이의 점수가 내 점수처럼 느껴지는 일이 많다.	☐ ☐
	아이가 시험에서 점수가 낮으면 속상하고 괴로운 마음이 오래간다.	☐ ☐
	공부를 잘해야 한다면서 아이를 다그치거나 혼내는 일이 많다.	☐ ☐
	시험 점수를 잘 받는 것이 공부를 즐기는 것보다 더 중요하다고 생각한다.	☐ ☐
	공부에서만큼은 친구들을 늘 앞서야 한다고 생각한다.	☐ ☐
불안형	학교에서 어떤 일이 있었는지 모두 알아야 한다고 생각한다.	☐ ☐
	다른 아이에 비해서 우리 아이는 미숙한 편이라고 생각한다.	☐ ☐
	아이가 혼자 공부하면 성적이 떨어질 것 같아서 불안하다.	☐ ☐
	스스로 공부하는 것은 일부 특별한 아이들에게나 해당되는 일이라고 생각한다.	☐ ☐
	아이는 어리기 때문에 어른인 부모가 알아서 계획을 세워주는 게 좋다고 생각한다.	☐ ☐

20분 학습을 시작하는
일곱 가지 핵심 원칙

약점은 보완하고
강점은 더 강하게 밀어준다

초등학교 4학년 재우는 수학을 아주 잘했습니다. 학원을 따로 다닌 것이 아닌데도 수학 실력이 뛰어나서 교사인 저도 수업하면서 가끔 감탄할 정도였습니다. 재우가 이렇게 뛰어난 수학 실력을 갖춘 데에는 교수인 아버지 영향이 컸습니다. 아버지는 상담할 때 이런 말을 했습니다.

"아이는 누구나 잘하는 게 있고, 못하는 게 있습니다. 잘하는 것에 집중할지, 못하는 것에 집중할지 부모가 현명하게 선택해야 해요. 뭐든 잘하는 누나와 재우를 비교할 때 상대적으로 아쉬운 면도 많았어요. 누나처럼 조용히 앉아서 공부하고 책 읽으면 얼마나 좋을까 싶었어요. 그런데 아이가 못하는 부분에 집중하니까 자꾸 아이에게 화를 내고, 야단하게 되더라고요."

재우 누나는 학교에서 손에 꼽힐 정도로 우수한 학생이었습니다. 전교학생회장을 하는 누나와 달리 재우는 어릴 때부터 말썽을 많이 부렸다고 합니다. 얌전하게 집중해서 공부하는 데 재능을 보이면 좋겠지만, 그렇지 않을 때는 상대적으로 야단할 일도 더 많아 보입니다. 보통 큰아이가 뛰어나면 작은아이는 뭘 해도 부모 마음에 안 차는 경우도 많고요. 저는 큰아이 반만 해주면 좋겠다고 작은아이를 타박하는 학부모도 많이 봤습니다.

"하지만 아이가 상처받는 걸 보고 더는 누나랑 비교하지 않기로 부부가 합의했어요. 아이가 잘하는 것, 좋아하는 것, 하고 싶은 것을 마음껏 할 수 있게 해주기로 했죠."

재우가 좋아하는 것은 숫자였습니다. 재우 아버지는 재우에게 숫자와 관련된 놀이를 많이 해줬습니다. 띄어세기, 곱하기, 나누기, 암산 등을 꾸준히 함께했다고 합니다. 학교에 들어가자 어릴 때부터 놀면서 길러준 수 감각이 빛을 발휘했고, 가장 잘하는 과목도 자연스럽게 수학이 되었습니다.

그렇게 자신감이 한번 붙자 많은 것이 달라졌습니다. 수학에서만큼은 최고가 되고 싶어 하는 승부욕이 생겨났습니다. 공부의 선순환이 생기니 나중에는 모든 면에서 다 잘하려는 의지와 힘을 갖게 되었고요.

"모든 걸 다 잘할 필요는 없어요. 좋아하고 잘하는 것을 키워주면서 못하는 것은 너무 뒤처지지 않게 잡아가는 게 중요해요."

재우는 어릴 때 운동을 잘하지 못했다고 합니다. 재우 아버지는 운동신경이 떨어지는 재우를 매일 새벽 조기축구에 데려갔습니다.

꾸준히 새벽마다 달리고 공을 차더니, 어느새 재우는 반에서 가장 축구를 좋아하는 아이가 되어 있었습니다.

아이에게 부족한 부분이 있다면 그 부분에서 재미를 느끼게 할 만한 활동을 찾아서 경험하게 해주세요. 그러면 아이 스스로 부족한 부분을 자연스럽게 채워갈 수 있습니다. 부족한 운동신경을 키워주기 위해서 아침마다 조기축구에서 꾸준히 달리게 한 재우 아버지처럼 말입니다.

재우 아버지 말처럼 모든 것을 다 잘할 필요는 없습니다. 달리기 잘하는 아이, 영어 잘하는 아이, 암기 잘하는 아이, 이 모든 재능이 다 소중합니다. 아이가 좋아하는 일을 잘하도록 더 열심히 키워주세요. 잘 못하거나 부족한 부분은 그만큼 더 시간과 공을 들여서 천천히 끌어올려주시면 됩니다.

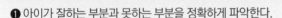

핵심 원칙 ①
강점은 더 강하게 키우고, 약점은 끌어올려주기

❶ 아이가 잘하는 부분과 못하는 부분을 정확하게 파악한다.
❷ 담임 선생님에게 아이의 강점과 약점을 객관적으로 듣는 기회를 갖는다.
❸ 강점인 부분은 자주 반복해서 더욱 잘할 수 있도록 지도한다.
❹ 약점인 부분에 자신감을 갖도록 시간을 두고 천천히 노력한다.
❺ 누구에게나 잘하는 부분과 못하는 부분이 있음을 강조해서 가르친다.

밥상머리 교육을 한다

여기 한 남자가 있습니다. 그는 하버드대학 로스쿨에 입학해서 무려 상위 10퍼센트만 받는다는 마그나 쿰 라우데를 받았습니다. 그의 로스쿨 동기나 교수들은 입을 모아서 그를 동기 중 가장 공부를 잘하고 똑똑했던 사람으로 꼽습니다. 그는 한때 헌법학 교수가 되어 이름을 날렸고 국회의원을 지내기도 했으며 가장 유명한 정치인이 되었습니다.

또 한 남자가 있습니다. 아버지는 외국 국적에, 어머니는 대학생이었습니다. 곧 아버지는 자신의 나라에 두고 온 부인에게 돌아가고, 어머니는 혼자서 그를 키워야 했습니다. 부모가 이혼했을 때 그의 나이는 두 살이었습니다. 어머니는 동남아시아 남자와 재혼을 했고, 그는 동남아시아에서 살다가 초등학교 졸업 후 조부모 집으로 혼자만 보내집니다. 조손가정에서 자란 그는 고등학교 때 마약을 했고, 자신의 정체성을 찾지 못해 우울한 시절을 보냈습니다.

너무나도 다른 삶을 살아온 듯한 이 두 남자는 놀랍게도 같은 사람입니다. 그의 이름은 버락 오바마, 미국의 제44대 대통령입니다. 가정 형편이나 암울한 현실 앞에서 그는 결코 굴복하지 않았습니다. 심지어 인종차별을 받는 상황에서도 오히려 더 꿋꿋하게 공부했고 기어이 성공했습니다. 정말로 영화 같은 삶이지요.

오바마는 대통령 시절에도 아무리 바빠도 저녁식사만큼은 가족과 함께하려 했는데, 이건 그의 어머니 영향이었다고 합니다. 어머니는 싱글맘이자 워킹맘이고 학생이었기 때문에 그와 함께 얼굴을 보고 이야기 나눌 시간이 많지 않았습니다. 어머니는 어린 오바마를 깨워서 새벽에 식사를 했습니다. 얼굴을 보고 이야기를 나누기 위해서 말이죠. 가족이 함께 식사하는 것이 아이에게 어떤 영향을 미치기에 이토록 중시했던 걸까요?

하버드대학에서 경제적 여건과 학업 성취 사이의 상관관계를 알아보기 위해 연구를 했습니다. 연구진들은 미국 보스턴에 거주하는 세 살 자녀를 기르는 중·저소득층 85가구를 선정했습니다. 그리고 가정과 어린이집에서 나누는 일상적인 대화를 2년 동안 녹음했습니다. 그들은 아이들이 가지고 노는 장난감과 부모와 함께 읽는 책까지 동일하게 제공했습니다.

여러분은 어느 쪽의 학업 성취가 더 낮을 것이라고 생각하시나요. 대부분 저소득층일 거라고 생각하실 겁니다. 연구진들도 저소득층 아이들이 교육환경도 저조하고, 부모와 함께하는 시간은 부족하니까 당연히 학업 성취도 낮을 거라고 예상했습니다. 그런데 결과는 예상을 빗나갔습니다. 놀랍게도 소득 수준이나 교구, 장난감과는 관련이 없었습니다. 학습 환경이 좋지 않더라도 부모와 가족 식사를 많이 한 아이들이 학습 환경이 좋은 아이들보다 성적이 좋았습니다.

이들의 차이는 바로 가족 식사의 횟수와 대화의 질에 있었습니다. 연구에 따르면 만 3세 아이가 책에서 배우는 단어가 140개인데, 가족 식사에서 배우는 단어는 1,000개였다고 합니다.

어차피 먹어야 할 밥이고 식사입니다. 이왕이면 가족이 함께 식사하면서 다정하게 이야기 나누고 다양한 것을 묻고 답하고 설명하면 좋겠지요. 밥상머리 교육은 가성비로는 다른 어떤 것과도 비교할 수 없는 최고의 교육인 것입니다.

밥상머리 교육의 효과는 다양한 연구에서 이미 증명이 됐습니다. 콜롬비아대학교에서 청소년 1,200여 명을 대상으로 한 연구에서는 가족 식사를 하는 아이들이 그렇지 않은 아이들보다 A학점을 받은 비율이 2배 정도 높았습니다. 일본 아키타현에서 실시한 한 연구에서는 가족 식사를 하는 아이가 문제해결 능력이 더 뛰어났고, 전국 학력 평가 성적도 높았습니다.[9] 우리나라에서도 전국 중고교 전교 1등 100명에게 물었을 때 40퍼센트 이상이 주 10회 이상 가족 식사를 한다고 대답했다고 합니다.

유대인들은 자녀와 함께 식사하면서 '왜 그럴까, 다른 대안은 없을까, 네 생각은 어떠니' 같은 대화를 끝없이 나눈다고 합니다. 그러고 보면 우리가 어렸을 때 부모님이 매일 아침밥을 먹여서 학교에 보냈던 것은 참으로 현명한 일이었습니다. 우리 역시 공부 잘하는 똑똑한 아이로 키우기 위해서라도 하루 한 끼는 함께 밥을 먹어야 하지 않을까요.

핵심 원칙 ②
매일 밥상머리 교육을 하기

❶ 일주일에 한두 번 정도 가족 식사의 날을 정해놓고 함께 지킨다.

❷ 식사 시간에는 스마트폰을 사용하지 않는다.

❸ 오늘 하루 있었던 일을 돌아가면서 이야기 나눈다. 느낀 점과 고민거리 등을 자유롭게 나눈다.

❹ 열린 질문을 던진다.
(너는 이 문제를 어떻게 생각하니? 그 문제를 해결할 다른 방법은 없을까? 왜 그런 일이 생겼을까? 등)

❺ 부모는 자녀가 묻는 질문에 최대한 부드럽고 친절하게 답해준다.

너그러움을 가르친다

태형이는 반에서 성격 좋기로 친구들이 가장 손 꼽는 아이였습니다. 태형이가 초등학교 4학년 때 담임을 맡았는데, 현장에서 가르쳤던 수많은 아이 가운데 태형이만큼 인사성 좋고 밝은 아이도 없었습니다.

태형이는 아침엔 일찍 와서 친구들에게 오늘도 재미있게 지내자며 먼저 손을 흔들면서 웃어주고, 무거운 짐을 든 사람이 있으면 달려가서 도왔습니다. 학교 앞 슈퍼마켓 할아버지부터 일주일에 한 번 만나는 원어민 영어 선생님까지 이름을 알 정도로 싹싹하게 인사를 잘하는 아이였습니다. 남자아이 여자아이 할 것 없이 친구들에게 듬뿍 사랑받았습니다.

상담 주간에 태형이 엄마를 만났습니다.

"선생님, 안녕하세요. 우리 태형이가 개구쟁이여서 선생님 속을 많이 썩이지요. 그래도 장점도 많은 아이니, 예쁘게 봐주세요." 하고 웃는데, 태형이 엄마 웃음이 태형이랑 똑같았습니다.

"태형이가 성격이 정말 좋아요. 친구들한테 인기도 많고요. 아무래도 엄마 닮아서 성격이 좋은가 보네요."

그때만 해도 엄마를 닮아서 타고난 성격이 좋으려니, 생각했습니다. 1년을 가르친 뒤에야 좋은 인성은 타고나는 게 아니라는 걸 알게 됐습니다. 오랜 시간 보이지 않는 곳에서 부모가 아이와 함께 이야기 나누고 가르치고 훈육해 왔다는 것을 깨달았습니다.

태형이 엄마는 태형이가 잘못했을 때는 눈물이 쏙 빠질 만큼 따끔하게 야단했습니다. 태형이가 다른 날보다 낯빛이 어두워서 물어보면 엄마에게 전날 저녁에 아주 호되게 야단맞은 뒤였습니다.

"엄마가 밉진 않아? 그렇게 엄하게 혼내셨는데?" 하고 물어보면, 태형이는 고개를 곧바로 저었습니다.

"아니요. 제가 잘못해서 혼난 거예요. 제가 약속해 놓고 안 지켰거든요. 엄마는 제가 저 자신과 하는 약속을 안 지키면 다른 사람도 저한테 약속을 안 지킨대요. 엄마는 저한테 항상 남에게 대접받고 싶은 대로 행동하라고 말씀하세요. 괜찮아요. 다음부터 잘하면 돼요."

태형이는 씨익 웃었습니다.

태형이 엄마가 가르친 '남에게 대접받고 싶은 대로 행동하라'는 것은 성경에도 나오는 '황금률'입니다. 어떤 관계에서도 다 들어맞는 말이기에 황금률이라고 부르지요. 남에게 대접받고 싶은 대로 행동하는 것이 아이에게 왜 그토록 중요한지 태형이를 보면서 여러 번 느꼈습니다.

태형이는 어떤 일은 하면 되고 어떤 일은 하면 안 되는지를 잘 알고 있었습니다. 내가 상대에게 함부로 행동하면 그 화살이 고스란히 나에게 돌아온다는 것도 알고 있었고요. 그런 까닭에 친구들에게 함부로 행동하면 안 되고, 선생님에게는 먼저 인사해야 하고, 두 살 어린 동생에게는 늘 친절하게 대해야 하고, 약속은 반드시 지켜야 한다는 것을 몸으로 체득하는 중이었습니다.

태형이를 가르치면서 가장 인상 깊었던 것은 태형이가 친구들 사이에서 벌어지는 싸움의 중재를 아주 잘한다는 것과, 본인에게 함부로 하는 일에서는 단호하지만 실수에서는 대범하게 봐준다는 것이었습니다. 이 차이를 구별하고 적절하게 대응하는 게 쉬운 일은 아닌데도 그랬습니다. 태형이는 이렇게 말했습니다.

"엄마가 살면서 누구나 실수하는 거라고 했어요. 친구가 실수한 거면 쿨하게 용서해 주라고 했어요. 나중에 저도 실수할 수 있으니까요."

"태형이가 남자아이라서 어릴 때부터 사고라도 치지 않을까, 누굴 때리지는 않을까 항상 걱정했어요. 아이를 키우면서 보니까 내 아이가 맞고 오는 것도 싫지만, 다른 아이를 때리는 것도 정말 안 되겠더라고요. 그래서 실수는 용서해 주되, 두 번 더 참아줘라, 그러고도 안 되면 세 번째엔 선생님에게 가서 말해라, 라고 가르칩니다."

이건 태형이 엄마가 들려준 말입니다. 학교에서 아이들의 인성이 가장 확연하게 드러나는 때가 바로 평정심을 잃을 때입니다. 여럿이 함께 생활하다 보면 누구나 억울할 때도 있고, 싸울 일도 있습니다. 어떤 아이는 이때마다 주먹이 먼저 나갑니다. 때리고 욕하고 싸우죠. 또 어떤 아이는 화내거나 싸우지 않으면서도 부드럽게 할 말을 다 합니다.

어른들 생각엔 주먹이 논리를 이길 것 같지만, 아이들은 어른처럼 무지막지하지 않습니다. 곰곰이 생각했을 때 아닌 것 같으면 오히려 승복도 잘합니다.

보통은 아이들 사이에서 작은 오해, 사소한 실수가 싸움으로 발전하는 경우가 많습니다. 결국 어느 한순간을 한쪽이 못 참아서 싸움이 납니다. 이때 내 쪽에서 한 번이라도 참아주면 저쪽에서 오히려 더 많이 미안해합니다. 누가 뭐라고 알려주지 않아도 아이들이 더 잘 압니다. 화를 화로 맞서는 것이 하수의 방법이라면 화를 우회해서 나에게 유익하게 만드는 게 고수의 방법입니다. 태형이는 후자였습니다.

되는 일에서는 너그럽고 안 되는 일에서는 타협이 없는 명확한 가르침, 어릴 때부터 일관되고 꾸준한 지도, 화를 내야 하는 상황에서도 두 번은 참아주는 너그러움, 이런 것들이 태형이 엄마가 태형이를 인성 좋은 아이로 키운 비밀이었습니다.

태형이를 가르쳤던 해에 큰딸 성연이가 다섯 살이었습니다. 그때 성연이가 유치원에서 왼쪽 눈 흰자위에 피멍이 들어서 온 적이 있습니다. 같은 반 남자아이가 성연이를 밀었는데, 이동칠판 모서리에 눈을 부딪혔던 것입니다. 안과에서 몇 센티 차이로 실명하지 않았다는 말을 들었을 때 정말 화가 났습니다. 하지만 고민 끝에 그 아이 부모에게도 선생님에게도 따지거나 화내지 않았습니다. 그 아이가 성연이를 일부러 다치게 하려고 민 게 아니었고, 언젠가 우리 아이가 잘못했을 때 누군가도 이해해 줄 거라고 믿었기 때문입니다. 황금률처럼 말이죠.

당당하고 멋진 아이로 키우려면 엄마도 일관되게 지도해야 합니다. 마음이 흔들리거나 어렵다면 황금률을 떠올려 보세요. 남에게 대접받고 싶은 대로 행동하라는 황금률 말입니다.

핵심 원칙 ③
황금률에 따라 아이를 키우기

❶ 남에게 대접받고 싶은 대로 나도 타인을 대하도록 가르친다.

❷ 남에게 함부로 행동할 때 그만한 대가가 돌아오게 된다는 것을 명확하게 가르친다.

❸ 실수를 실수로 포용력 있게 받아주는 태도를 키워준다.

❹ 남에게 선행을 베풀면 선행으로 돌아옴을 부모가 먼저 시범 보인다.
  (주변 어려운 이웃 돕기, 봉사활동 하기 등)

❺ 지도에 일관성을 갖는다. 오늘은 '기분 좋게 봐주지 그래'라고 했다가 내일은 '왜 그런 일을 참고 넘어가니' 하는 식으로 왔다갔다 하지 않는다.

넷째

감사를 가르친다

2018년 봄, 요르단에서 강의할 일이 있었습니다. 중동에서 오랫동안 한국인 교포 자녀들의 한국어 교육을 해오신 한글학교 선생님들을 대상으로 한 강의였습니다. 그때 만난 어느 선교사 부부의 이야기가 매우 인상적이었습니다. 이들은 자녀 셋을 모두 세계에서 손꼽는 명문대에 보냈고, 각계에서 알아주는 훌륭한 인재로 키우셨습니다.

"아이들을 잘 키우신 비결이 있나요. 이 나라 저 나라 옮겨 다니면서 선교하시느라 많이 바쁘셨을 텐데요."

제가 물었을 때, 이분들의 대답이 참으로 뜻밖이었습니다.

"저희는 아이들이 어릴 때부터 선교에 바빴습니다. 아이들에게 신경을 쓰거나 공부를 봐줄 만한 여유는 전혀 없었지요. 대신 감사를 가르쳤습니다."

자녀교육에서 감사를 직접 언급하신 분은 그때 처음 봤습니다.

"한국어도 제대로 배우지 못한 어린아이들을 데리고 이 나라 저 나라 옮겨 다녔어요. 따로 자녀교육에 힘쓸 만한 시간이 없었습니다. 그래서 부모가 함께할 수 없는 시간에도 감사할 수 있도록 감사하는 마음과 감사를 표현하는 방법에 집중해서 가르쳤어요. 사실 알고 보면 부모가 편하자고 한 일이었는데, 감사를 배우니까 공부도 잘하고 자기 일은 자기가 알아서 하는 아이로 크더라고요."

이들 부부의 구체적인 실천 방법은 아주 명료하고 단순했습니다. 매일 감사했던 일 세 가지씩 저녁 식사에서 말하기. 너무 쉽지요. 그런데 감사거리를 찾아보고 감사함을 느끼는 그 행위와 시간 자체가 아이를 성공의 길로 인도해 준 것입니다.

우는 아이에게 떡 하나 더 준다는 말이 있습니다. 징징거리고 보채는 아이를 부모가 더 신경 쓰기 마련이란 뜻이지요. 저는 울지 말고 감사하라고 말하고 싶습니다. 감사하면 정말로 자다가도 떡이 생기니까요.

학교에서도 학습지 한 장을 받아들어도 '감사합니다' 웃으면서 말하는 아이가 있는가 하면 홱 잡아채듯이 가져가는 아이가 있습니다. 교사도 사람이기에 이왕이면 자신에게 웃으면서 고맙다고 말해 주는 아이에게 마음이 더 갑니다. 아주 작은 '고맙습니다' 인사 한마디에도 자신도 모르게 마음이 열리는 것이죠.

부모가 자녀에게 감사를 가르친다면 어떤 일이 벌어질까요? 수업 시간에 열심히 가르쳐준 선생님에게 감사하기, 밥 해주는 엄마에게 감사하기, 나를 낳아주고 길러준 아빠에게 감사하기, 친구랑 재미있게 논 오늘 하루에 감사하기……. 이런 일들이 일어나면 매일이 즐겁고 행복해집니다.

감사는 습관입니다. 감사도 몸에 배어드는 행동이고 버릇이기에, 어릴 때부터 부모가 고맙다고 말하고 고마운 마음을 품도록 가르쳐주셔야 감사하는 아이로 키울 수 있습니다. 아마도 그 선교사 부부는 아이들에게 무언가를 직접 친절하게 해줄 수 없는 상황이었기에 오히려 감사하는 마음을 키워주셨을 겁니다. 불평불만이 많은 아이와 웃음과 감사가 많은 아이는 삶의 방향이 다르니까요.

자녀교육에서 감사의 힘은 정말로 큽니다. 내게 주어진 오늘의 삶과 현실에 기쁨과 감사를 품도록 하는 것은 정말로 중요한 지도이자, 너무나 소중한 삶의 덕목을 가르치는 것입니다. 가진 것의 소중함을 느끼고 감사해하면 더 큰 것이 주어지는 게 삶의 진리입니다. 감사를 아는 아이들은 삶에서 더 큰 축복을 받을 그릇을 갖는 것입니다.

저는 학생들에게 일주일에 한 번은 감사일기를 쓰도록 가르쳤습니다. 일주일에 한 번 감사일기를 쓰는 것만으로도 아이들은 차분해지고 온화해지고 부드러워졌습니다. 다른 무엇으로도 안 되는 지도가 '감사하기'로 된다는 것, 이게 얼마나 크고 위대한 변화인가요.

감사로 인성만 좋아지는 게 아닙니다. 성적도 올라갑니다. EBS

다큐프라임 〈공부 못하는 아이들〉에서는 실제로 고등학생들이 감사일기를 쓰고 명상을 하면서 모의고사 성적이 올라가는 직접적인 효과를 보여주기도 했습니다. 특히 상위권 학생들에게 더 크게 감사가 작용한다고 하니, 아이가 공부를 잘하면서도 인성 좋은 아이로 크길 바라신다면 반드시 감사를 가르치세요.

부디 모든 것에 감사하는 마음을 품는 아이로 키우시길 바랍니다. 아이를 성공으로 잡아끄는 보이지 않는 힘이 놀랍도록 크게 작용한다는 것을 느끼실 겁니다. 저는 자녀들에게 언제나 감사를 강조합니다. 너에게 주어진 모든 것에 감사해라, 자연에 감사해라, 선생님께 감사해라, 삶에 감사해라. 매일 아이들에게 말해줍니다.

핵심 원칙 ④
감사하는 아이로 키우기

❶ 자녀에게 감사의 중요성을 강조해서 가르친다.

❷ 작은 일에도 감사를 표현하는 방법을 가르친다.
　（감사합니다 말하기, 감사카드 쓰기, 감사편지 쓰기, 감사일기 쓰기 등）

❸ 부모가 자녀에게 먼저 감사하다는 말을 한다.
　（네가 건강하게 자라 줘서 고맙다, 너와 함께해서 행복하다 등）

❹ 자녀와 같이 감사일기를 쓴다. 감사일기를 가족이 공유하고 서로에게 위로와 격려를 한다.

자녀의 말에
귀 기울이고 기다려준다

육아 휴직이 끝나고 학교에 복직했을 때 일입
니다. 아이들이 하나같이 시끌벅적 요란한 가운데 유일하게 조용한
반이 있었습니다.

"저 반은 뭘 하길래 저렇게 조용하죠?"

옆 반 선생님이 피식 웃었습니다.

"A 선생님 반이잖아. 학교 일이면 학교 일, 수업이면 수업, 못하
는 게 없으셔. 아들은 또 얼마나 잘 키우셨게. 서울대 나와서 사법고
시 합격했잖아. 할머니한테 매일 전화해서 안부를 묻는다는데, 요
새 그런 인성도 보기 드물지."

동료 교사들 모두 선생님이 자녀를 어떻게 키웠는지 몹시 궁금
해했습니다.

"선생님, 아이 잘 키운 비결 좀 알려주세요."

누군가 물었을 때, 선생님은 대수롭지 않게 말했습니다.

"비결 같은 거 없어요. 뭐든 억지로 안 시켰고, 원하는 걸 하게 했어요. 학원이나 과외도 아이가 필요하다고 할 때 보냈어요. 어릴 때부터 시간이 날 때마다 가족이 함께 여행했어요. 여행하면 생각도 커지고, 세상을 보는 눈도 넓어져요. 세상을 보는 눈이 길러지면 자연스럽게 왜 공부해야 하는지 목표도 생기지요."

"선생님이 집에서 공부를 따로 가르치셨어요?"

"학교에서 내내 학생들을 가르치는데 집에 가서까지 못 가르치죠. 집에 가면 살림해야지, 그럴 여유가 없어요."

선생님은 고개를 절레절레 저었습니다.

"대신 짧게라도 시간을 내서 아이가 하는 말에 귀를 기울였어요. 공부를 성실하게 하는지, 엄마가 도와줄 것은 없는지, 학교에서 배우는 내용이 어렵진 않은지, 아이와 매일 이야기 나눴어요."

아이의 이야기에 귀 기울이면 아이가 무엇을 걱정하고 무엇을 자신 있어 하는지 부모가 잘 알 수 있습니다. 부모가 아이의 마음을 정확하게 파악하고 이해한다면 부모와 아이 사이에 오해하거나 착각해서 불안해질 일도 없습니다. 아이를 더욱 든든하게 믿고 지지해줄 수 있지요.

부모가 조바심 내거나 불안해하면 아이들은 그 불안을 저절로 읽어냅니다. 엄마의 불안은 아이가 실수하거나 잘못하면 금세 몇 배로 커집니다. 자신도 모르게 자주 화내고 예민한 엄마가 되는 것입니다. 어떤 순간에도 든든하게 아이를 지켜주려면 엄마가 먼저 불안을 자꾸 덜어내려 노력해야 합니다.

아이가 어릴 때 부모는 아이의 매니저가 돼야 합니다. 아이의 일거수일투족을 따라다니면서 지켜보고, 늘 보살피고 챙겨야 하지요. 아이가 자라면 더는 매니저 역할을 하고 있어서는 안 됩니다. 아이가 스스로 공부할 수 있게 되면 그때부터는 코치이자 조력자가 돼야 합니다. 코치는 선수 대신 링에 올라가지 않습니다. 링에 올라서 싸우는 건 어디까지나 선수의 몫이지요.

앞으로 인생을 살아가는 것은 아이의 몫이지, 부모의 몫이 아닙니다. 아이가 혼자서 할 수 있는 일은 혼자서 할 수 있게 한 걸음 떨어진 데서 지켜보되, 필요할 때면 언제든 도와줄 수 있음을 보여주어야 합니다. 이것이 바로 A 선생님이 짧은 시간이어도 매일 그 시간만큼은 오롯이 아이에게만 집중해서 다정하게 이야기를 나누고 들어주었던 이유입니다.

핵심 원칙 ⑤
자녀의 말에 귀 기울이기

❶ 자녀가 고민하는 부분이 무엇인지 항상 관심을 갖는다.

❷ 자녀의 고민을 시시하거나 사소한 것으로 무시하지 않도록 주의한다.

❸ 자녀와 이야기 나누는 시간에는 딴짓을 하지 않도록 하고, 주의 깊게 듣고 관심을 갖고 있음을 보여준다.

❹ 자녀가 도움을 요청할 때는 언제든 도와줄 수 있음을 확신시킨다.

❺ 강요하거나 압박하지 않고, 자녀가 도움을 바랄 때까지 기다려준다.

믿을 만한 이에게
조언을 구한다

어느 날 재민이 엄마에게서 전화가 왔습니다. 재민이가 중학교에 들어가고 몇 달이 지난 뒤였습니다.

"선생님, 재민이가 공부도 안 하고 방에 틀어박혀서 게임만 해요. 선생님이 만나서 이야기 좀 해주세요. 선생님 말씀이면 하늘처럼 아는 아이잖아요. 선생님이 재민이 AS 좀 해주세요."

며칠 후, 재민이를 만났습니다. 저녁을 먹는데, 눈빛이 흐려 보였습니다. 언제나 밝고 특히 수학을 잘하던 6학년 때 모습과 많이 달라 보였습니다.

"게임을 너무 많이 해서 피곤해서 그래요. 한 판을 깨고 레벨을 올리면 그게 그렇게 짜릿할 수 없어요."

"공부는 안 할 거니? 성적 많이 떨어졌다면서."

"엄마가 그랬죠? 전교 1, 2등 하다가 30등으로 떨어졌는데, 엄마는 성적 떨어졌다고 난리예요."

"재민아, 선생님은 네가 노는 걸 뭐라고 하지 않아. 네 삶은 네가 선택하는 거야. 너 스스로 자신에게 떳떳하고 당당하면 돼. 오늘 집에 가서 거울을 보면서 한번 물어봐. 게임하면서 밤새는 나의 모습은 당당하고 떳떳한가, 라고."

얼마 후 재민이 엄마에게서 다시 전화가 걸려 왔습니다.

"선생님, 고맙습니다. 재민이가 공부를 해보겠다고 하네요. 너무 고맙습니다."

하지만 사춘기 아이가 하루아침에 달라지기란 어렵지요. 재민이 엄마는 다음에도 그다음에도 또 그다음에도 AS를 요청하셨습니다. 재민이가 공부하기 싫어질 때마다, 엄마 속을 썩이고 게임에 빠지려 할 때마다 재민이와 밥을 먹었습니다. 그때마다 늘 똑같은 이야기를 해주었습니다.

"선생님은 널 믿어. 넌 네가 생각하는 것보다 훨씬 더 훌륭한 사람이야."

시간이 흐른 뒤, 어느 날 재민이는 과학고에 가기 위해 원서를 쓴다면서 찾아왔습니다. 안정되고 단단한 느낌이 물씬 풍겼습니다.

"감동 깊게 읽었던 책으로 독후감을 두 편 써서 내라고 하는데, 뭘 써야 할지 모르겠어요. 선생님이 추천해 주세요."

교실에 있던 학급문고 중 세계 명작 두 권을 골라주었습니다. 이 책은 이 부분이 핵심이니 몇 번이고 다시 읽고 그 부분을 강조해서 쓰라고 지도도 해주었습니다. 재민이는 과학고에 당당히 합격했습니다. 재민이 엄마가 너무나 좋아하셨지요.

수많은 학부모를 만났고 졸업 이후에도 아이들을 만나곤 했지만, 그 만남에 AS라는 말을 붙인 학부모는 재민이 엄마 이전에도 이후에도 없습니다.

"왜 저한테 부탁하세요? 중학교 선생님도 있고, 재민이가 좋아하는 학원 선생님도 있잖아요."

제가 물었을 때, 재민이 엄마는 이렇게 대답했습니다.

"선생님이 재민이가 가장 믿고 의지하는 선생님이니까요."

사춘기 아이가 속을 썩일 때 엄마 힘으로 안 되는 날이 분명히 옵니다. 그땐 주저하지 말고 아이가 좋아하고 의지했던 사람에게 조언을 구하세요. 재민이 엄마처럼 전에 아이가 좋아했던 선생님께 AS를 요청하셔도 좋습니다. 그게 누구든 아이가 진심으로 믿고 의지하는 사람이고, 엄마가 믿을 만한 사람이라면 크게 도움이 됩니다.

성연이는 고등학교에서 많이 힘들어한 시절이 있었습니다. 지켜보는 저도 힘들었습니다. 저는 성연이 중학교 담임선생님께 조언을 구했습니다. 성연이가 너무나 좋아하고 의지했던 선생님이었기 때문에 어떤 점이 힘들고 어려운지 솔직하게 말씀드릴 수 있었습니다. 성연이도 선생님과 저녁을 먹었습니다. 저녁을 사주면서 선생님이 말씀하셨다고 합니다.

"선생님은 성연이 너를 믿어. 넌 네가 생각하는 것보다 훨씬 잘해낼 거야."

성연이는 그 만남 이후로 다시 마음을 잡고 공부를 시작했습니다. 제가 만약 엄마 혼자 힘으로만 해결하려 했다면 한참은 걸렸을 일이 믿을 만한 이에게 조언을 구하고 상담을 부탁하자 그렇게 쉽게 해결이 되었습니다.

많이 힘들 때 혼자 끙끙 앓지 마세요. 믿을 만한 이에게 솔직하게 조언을 구하세요. 저는 아이를 둘 키우지만, 인터넷이나 맘카페에서 답을 찾지 않습니다. 좋다는 책만 믿고 멍하니 앉아 있지도 않습니다. 저는 믿을 만한 이에게 조언을 구하고, 행동으로 옮깁니다. 많은 학부모를 만나왔고, 지금도 상담하고 조언하는 저이지만, 그런 저에게도 힘들 땐 믿고 의지하고 조언을 구하는 멘토들이 많습니다. 믿을 만한 이에게 의지하는 것은 부끄럽거나 쑥스러운 일이 아니고, 정말로 든든하고 좋은 일이랍니다.

핵심 원칙 ⑥
믿을 만한 이에게 자녀를 위한 조언을 구하기

❶ 자녀도 함께 믿는 사람에게 조언을 구한다. 뜬소문이나 인터넷의 말을 절대적으로 믿지 않도록 주의한다.

❷ 솔직하게 상황을 설명하고, 도움을 요청하는 부분을 구체적으로 말한다.
   (진로 문제, 성적이 부진한 과목, 자기주도학습 능력 부족 등)

❸ 중요한 내용은 따로 메모해 두고, 두고두고 지침으로 활용한다.

❹ 가족이 조언을 공유하고, 진지하게 받아들이도록 한다.

잔소리 대신
'너를 믿어'라고 말한다

봄꽃이 흩날리던 날이었습니다. 고등학교 2학년이 되던 어느 봄날, 생애 처음으로 가출을 했습니다. 일곱 살에 초등학교에 입학한 10월생이기에 남들보다 2년 늦게 찾아온 사춘기였습니다. 학교에 가지 않고 하염없이 걸었습니다. 공부도 하기 싫고, 학교도 다니기 싫고, 집에 들어가기도 싫었습니다.

뜻밖에도 저만치 버스 정류장에 엄마가 서 있었습니다. 저를 보자마자 펑펑 울면서 하는 말이라곤 고작 제 이름을 부르는 게 다였습니다.

"성효야, 성효야……."

엄마를 보자 마음이 약해져서 어쩔 수 없이 집으로 되돌아왔습니다. 돌아가신 저희 아버지는 매우 엄하고 무서운 분이셨습니다. 수학 문제집을 풀지 않았다고 문제집을 집어던지셔서, 그 문제집에 맞아 쌍코피가 난 적도 있었습니다. 그런 아버지가 가출에서 돌아온 저를 앉혀놓고, 그렇게 하기 싫으면 공부하지 말라고 하시더군요. 다음날 학교에 갔더니, 담임선생님도 결석만 하지 말라고 당부하셨습니다.

고민 끝에 공부를 접었습니다. 공부 대신 좋아하던 무협지와 소설을 마음껏 읽고 야간 자율 학습 시간에는 무협지를 쓰면서 시간을 보냈습니다. 꼬박 1년 후에 백지 시험지를 내고 당당하게 전교 꼴찌가 된 날, 엄마는 제 성적표를 붙들고 말없이 우셨습니다. 언니는 대학에 갈 때까지 성적표에 '1' 말고 다른 숫자가 찍혀본 적이 없었습니다. 언니는 전교 1등인데 동생은 전교 꼴찌, 엄마 심정이 오죽했을까요.

그때만 해도 학교 급식이 없었던 터라 매일 도시락을 싸가야 했습니다. 점심시간에 밥을 먹으려고 도시락 뚜껑을 열었는데, 엄마가 쓴 편지가 들어 있었습니다.

"성효야, 너는 훌륭하고 멋진 사람이 될 거야. 사랑해. 오늘도 힘내."

엄마의 편지를 읽어도 감흥이 없었습니다. 오히려 짜증이 나고 귀찮았습니다.

그러던 어느 날, 고3 담임 선생님과 진학 상담을 하게 됐습니다. 선생님은 전교 꼴찌인 제가 갈 수 있는 대학은 없다고 말씀하셨습니다. 그날도 점심시간에 도시락 뚜껑을 열었는데, 엄마가 쓴 쪽지가 또 들어 있었습니다.

"성효야, 사랑해. 엄마는 너를 믿어. 공부 열심히 하고 와. 넌 잘할 수 있어."

전교 꼴찌여서 갈 수 있는 대학이 없다는 말을 선생님에게 들은 날에도 엄마는 저를 믿는다고 한결같이 말하고 있었습니다. 그런데 참 이상했습니다. 평소와 달리 갑자기 엄마에게 너무나 미안했습니다. 내가 어떤 선택을 해도 어떤 삶을 살아도 엄마가 나를 사랑할 거라는 사실이 그렇게나 눈물이 날 수 없었습니다. 혼자 눈물을 삼키면서 꾸역꾸역 밥을 먹었습니다.

그날부터 기숙형 독서실에서 먹고 자며 공부했습니다. 독서실에 있는 모든 사람이 잠들어야만 잠을 잘 정도로 지독하게 공부했습니다. 마침 대입 시험이 수능으로 바뀐 덕분에 그동안 해왔던 독서의 힘이 제대로 발휘되었습니다. 성적은 가파르게 올라갔고, 다행히도 뒤늦게 공부를 시작했어도 교대에 갈 수 있었습니다. 엄마의 그 편지가 없었다면 아마 저는 대학에 갈 생각조차 못했을 겁니다.

성연이가 사춘기로 한창 공부 안 하고 놀기만 하던 때에 엄마에게 전화했습니다.

"엄마, 옛날에 내가 공부 안 할 때 엄마는 어떤 기분이었어?"

"속상했지. 잘할 수 있는데, 안 하니까."

"근데 왜 화 안 냈어? 맨날 도시락에 편지 써주고 그랬잖아."

엄마는 1초도 고민하지 않고 답했습니다.

"엄마는 네가 잘할 거라고 믿었어."

엄마의 말에 눈물이 핑 돌았습니다. 그때 그 성적으로는 누구도 가능하다고 믿지 않았는데, 유일하게 엄마만 저를 믿어줬던 겁니다. 엄마가 그 자리에서 끝까지 믿고 지켜주었기 때문에 지금 내가 이렇게 사람 구실하면서 사는구나, 저는 지금도 가끔 생각합니다.

'엄마는 너를 믿어'는 정말로 강력한 주문입니다. '너는 언제 철 들래' 잔소리하고 싶어지거든, 그때 얼른 '엄마는 너를 믿어'로 바꿔서 말해보세요. 아이의 몸과 마음이 쑥쑥 자라고, 갑자기 책상에 앉아서 공부하고, 전교 꼴찌가 6개월 만에 전교 10등 안에 드는 기적을 보게 되실 겁니다.

핵심 원칙 ⑦
잔소리 대신 '너를 믿어'라고 말해주기

❶ 부모가 원하는 모습대로 아이가 행동하지 않는 때가 와도 당황하지 않는다.

❷ 부모의 바람을 아이에게 강요하거나 억압하지 않고, 아이의 마음을 들여다보려 노력한다.

❸ 아이의 마음이 안정될 때까지 기다려준다.

❹ 늘 믿고 지지하고 있음을 아이에게 언제나 각인시킨다.

❺ 아이에게 너를 믿는다고 한결같이 말해준다.

PART 02

모든 학습의 시작은 '읽기'이고, 끝은 '쓰기'입니다. 학습의 기초를 탄탄하게 다져두면 어떤 공부든 쉽게 해낼 수 있습니다. 잘 읽고, 잘 말하고, 잘 쓰는 아이로 키우는 20분 학습에 도전해 보세요.

학습의
기초를 쌓는
시간

CHAPTER

3

문해력이 높아지는
20분 독서법

왜 부모와 아이가
함께 읽어야 할까?

시골에서 사교육 없이 자녀 넷을 명문대에 보냈다면 믿을 수 있을까요. 이게 가능하다는 것을 보여준 분이 있습니다. 웅진씽크빅과 능률교육 대표이사를 지낸 김준희 대표입니다.

그는 남들이 강남으로 이사할 때, 아이들이 마음껏 뛰어놀 수 있는 김포 농가주택으로 이사를 갔습니다. 네 아이는 자연과 가까이 지내며 눈에 띄게 성격이 부드러워졌고, 빡빡한 학원 스케줄 대신 아빠가 만든 책을 읽으면서 자랐습니다.

그는 아이를 키우면서 크게 세 가지에 신경 썼다고 합니다.

첫째, 아이의 의견을 존중하되 한 말에 대해서는 스스로 책임지게 하기
둘째, 책을 많이 읽히기
셋째, 세상에 공짜가 없다는 것을 가르치기

그는 특히 책 읽기를 강조합니다. 책 읽기만큼 개념을 파악하는 데 좋은 것도 없다고 말합니다. 아이를 잘 키운 최고의 부모들은 누구나 독서를 성공 비결로 꼽습니다.

제 주변에는 교사 부부가 꽤 많습니다. 다들 나름의 자녀교육 철학이 뚜렷합니다. 어릴 때부터 사교육을 두루 시킨 분이 있는가 하면, 유학을 보낸 분도 있고, 홈스쿨로 자유롭게 키운 분도 있습니다. 어떤 경우든 눈에 띄는 공통점이 있습니다. 자녀에게 책을 많이 읽힌다는 것입니다.

저도 다른 것은 몰라도 책 읽는 것만큼은 습관이 되도록 했습니다. 고등학생인 성연이는 두꺼운 책을 읽는 것을 좋아하고, 초등학생인 유진이는 다양한 책을 많이 읽습니다. 성연이는 초등학교 3학년 때 『트와일라잇』 시리즈를 읽었고, 유진이는 매년 수천 권씩 책을 읽었습니다.

교사들이 왜 자녀들에게 책을 많이 읽힐까요? 교사는 다양한 수준의 학생들을 매일 가르칩니다. 교직 경력이 쌓일수록 자연스럽게 공부를 잘하는 아이들과 못하는 아이들의 공통점이 보입니다. 전에 경력 많은 선생님이 "나는 수업을 5분만 보면 그 반에서 누가 제일 공부 잘하는지 알아맞힐 수 있어"라고 하신 이야기를 들은 적이 있습니다.

그때는 농담인 줄 알았는데, 지금은 교사라는 직업 특성상 그런 눈이 저절로 생긴다는 걸 이해합니다. 이렇게 경력 많은 교사들이 입을 모아 공부 잘하는 아이들의 비밀로 꼽는 것은 다름 아닌 독서입니다.

저는 학교에서 전국 상위 0.1퍼센트에 해당하는 아이도 가르쳤고, 전 과목 0점인 아이도 가르쳤습니다. 제가 가르쳤던 학생 가운데 공부 잘하는 아이치고 책을 안 읽은 아이가 없고, 공부를 힘들어하는 아이치고 책을 많이 읽은 아이를 못 봤습니다. 희한할 정도로 그랬습니다. 교사들은 이런 이치를 경험적으로 터득해 왔기 때문에 자녀교육에서도 독서에 힘을 쏟는 것입니다.

잘 읽으면 공부도 잘할 수 있다

책 읽는 아이는 왜 공부를 잘할까요? 이 원리는 뜻밖에도 간단합니다. 아이들이 배우는 모든 교과서는 언어로 표현돼 있습니다. 사회 교과서는 사회적인 언어로, 과학 교과서는 과학적인 언어로 표현돼 있습니다. 국어나 영어도 마찬가지고, 음악이나 미술도 그렇습니다. 음악은 악보를 '읽고', 음악적 언어로 '표현'합니다. 이렇게 아이들은 자라는 내내 모든 지식과 정보를 언어로 배우고 언어로 이해합니다.

시험은 아이들이 이해한 것을 다양한 방식으로 묻습니다. 아무리 길고 복잡한 문제여도 핵심은 똑같습니다. 넷 중 맞는 걸 골라라,

적합한 단어를 써넣어라, 이 지문에서 말하려는 게 무엇이냐, 네 생각을 논리적인 언어로 표현해라. 언어를 이해하고 핵심을 파악하는 능력이 뛰어난 아이들이 공부를 잘할 가능성도 높습니다.

여기서 잠깐. 그럼 학교 공부는 안 하고 책만 많이 읽는 건 어떨까요? 많은 학부모가 책만 많이 읽으면 저절로 학교 공부를 잘하게 될 거라고 기대합니다. 정말 그럴까요? 유진이는 초등학교 4학년 때 책을 6,000권 읽었지만, 사회 교과서 내용은 잘 몰랐습니다. 책을 많이 읽었다고 저절로 교과 내용을 아는 것은 아닙니다.

저는 수능시험 첫 세대입니다. 고2 때 공부는 안 하고 한 달에 100권씩 소설책만 읽었습니다. 무협지부터 세계 명작까지 닥치는 대로 읽었습니다. 책을 엄청나게 읽었지만, 제가 읽은 책이 시험의 지문은 고사하고 언어 영역 문제로도 나오는 일은 없었습니다.

고2 마지막 모의고사 때 백지 답안지를 내고 전교 꼴찌를 했던 제가 다음 해에 교대에 갈 수 있었던 것은 독서가 바탕이 됐기 때문이지, 독서 때문이 아닙니다. 지금 유진이는 사회나 과학을 잘합니다. 이것도 교과 공부를 따로 시간 내서 했기 때문이지, 동화책을 많이 읽어서가 아닙니다.

독서를 많이 한 아이가 공부를 본격적으로 하게 되면 독서를 하지 않은 아이보다 훨씬 유리합니다. 그러나 책을 많이 읽었으니까 공부도 저절로 잘하겠지, 라고 막연히 기대한다면 그건 지나치게 낙관하는 것입니다. 교과 공부는 교과 공부대로 꾸준히 해야 잘합니다.

독서라는 단어는 좁게는 책을 읽는 것 자체를 뜻하지만, 넓게는 언어로 표현된 정보와 지식을 이해하는 모든 행위를 말합니다. 동화책을 많이 읽으면 글을 이해하는 능력과 문학적 감수성을 기를 수 있습니다. 문학은 물론이고 비문학 영역 글까지 함께 읽으면 어떤 주제를 다룬 글이어도 막힘없이 빠르게 읽는, 진짜 독해력을 기를 수 있습니다. 독해를 잘하는 아이로 키우고 싶다면 과학, 예술, 역사, 고전 문학까지 폭넓게 읽히시는 게 좋습니다.

저는 부모님들에게 독해 능력이 우수한 아이로 키우고 싶다면 비문학과 문학의 균형을 잡아주라고 조언합니다. 독서의 목적을 문학적 감수성을 기르는 데 둔다면 동화책이나 동시를 많이 읽으면 됩니다. 독해력 향상에 목적을 둔다면 비문학 영역도 함께 읽혀야 하고, 공부도 잘하길 기대한다면 당연히 교과 공부도 꾸준히 해야 합니다.

부모와 함께 읽기가 필요한
네 가지 아이 유형

수학능력시험을 치르기 위해서는 1분에 1,000자 이상 읽고 이해하는 능력을 갖춰야 한다[10]고 합니다. '똑딱' 하는 동안 적어도 20자는 읽을 수 있어야 한다는 뜻입니다. 정말로 빠르고 정확하게 읽어야겠지요.

처음부터 독해를 유창하게 할 수는 없습니다. 부모가 함께 읽으면서 아이에게 부족한 어휘, 배경지식, 내용 파악과 관련된 피드백을 주는 것이 바람직합니다.

전국 규모 토론대회에서 상을 휩쓰는 아이를 가르쳤던 적이 있습니다. 수업 시간에 가볍게 하는 발표조차 어찌나 논리적인지 속으로 혀를 내두를 정도였습니다. 아이 엄마와 이야기를 나눌 기회가 있었습니다.

"가족이 같은 책을 읽고, 일주일에 한 번 책 이야기를 나눴어요. 같은 책을 읽어도 느끼고 생각하는 건 다 다르잖아요. 아빠는 이 부분이 감동적이고, 엄마는 이 부분이 감동적이더라, 너는 어땠어, 라고 물었어요."

똑같은 책을 읽어도 각자 생각이 다르고 경험이 다르기 때문에 느끼는 것도 모두 다릅니다. 어떤 사람은 이 부분이 좋고, 어떤 사람은 저 부분이 좋습니다. 이에 대해 이야기 나누면 나와 다른 생각이 있다는 것도 알게 되고, 다른 사람의 좋은 생각도 자연스럽게 배울 수 있습니다.

부모와 아이가 함께 책 이야기를 나누면 부모는 아이의 독해 수준을 정확하게 파악할 수 있고, 아이는 어른과 이야기 나누는 경험이 많아지면서 논리적인 말하기와 글쓰기에 익숙해집니다. 또 아이는 배경지식과 경험이 풍부한 부모의 생각과 논리를 흡수합니다.

다음은 부모와 함께 읽기가 필요한 아이의 대표적인 읽기 유형을 실제 사례를 바탕으로 정리한 것입니다.

1_ 책을 읽어도 감동이 없는 아이

"재형아, 너는 왜 책을 안 읽니?"

다른 아이들은 책에 푹 빠져 있는데, 재형이(초5) 혼자만 딴짓을 하고 있었습니다. 수업 시간에도 교과서를 읽을 때마다 더듬거리던 재형이였습니다. 재형이는 머뭇거렸습니다.

"저는 책이 재미없어요. 다른 아이들은 감동적이라는 책도 저는 뭐가 감동적인지 모르겠어요."

재형이는 왜 책에서 재미와 감동을 느낄 수 없었을까요? 책을 읽고 감동하기 위해서는 단순히 글자만 읽어서는 안 됩니다. 독자가 자발적으로 주의를 기울여 작가의 생각과 의견에 공감할 수 있어야 합니다. 초등학교 저학년 책에서는 대놓고 작가가 '이게 핵심이야'라고 자신의 생각을 의도적으로 보여줍니다. 하지만 고학년 책이나 성인이 읽는 소설은 그런 일이 없습니다. 보통은 작가의 생각을 숨겨둔 상징이나 비유를 독자 스스로 찾아낼 수 있어야 합니다.

이런 독해는 하루 이틀 만에 가능하지 않습니다. 수많은 독해 경험이 쌓여야 합니다. 아이가 어릴수록 책을 읽으면서 충분히 이야기 나누는 것이 중요합니다. 아이가 잘 모르는 어휘는 부모가 뜻을 풀어서 친절하게 설명해 주고, 내용을 깊이 이해할 수 있도록 질문하고 이야기 나누는 과정을 반복해야 합니다.

2_ 책을 싫어하는 아이

"선생님, 저희 아이는 중3이에요. 아이가 어릴 때 제가 먹고사는데 너무 바빠서 책을 못 읽어줬어요. 지금은 아이가 책을 싫어해서 한 권도 안 읽어요. 독서하기엔 너무 늦었으니, 이대로 포기해야 할까요."

독서 강연이 끝났을 때, 한 엄마가 울먹이면서 질문하셨습니다. 저도 마음이 아팠습니다. 만약 독서에 늦고 빠름이 있다면 이 아이는 영영 책과는 담을 쌓고 지내야만 할 겁니다. 그러나 세상에 늦고 빠름 같은 건 없습니다. 의지의 문제일 뿐입니다.

책을 읽겠다고 마음먹는 순간부터, 공부를 해야지 결심하는 순간부터 다시 시작하면 됩니다. 성인이 돼서 뒤늦게 독서를 시작하신 선생님을 한 분 압니다. 삼십대 중반에 처음으로 책을 읽기 시작했는데, 독서의 재미를 깨닫고 지금은 책을 쓰는 작가가 되셨습니다. 나이 많은 어른도 이럴진대 앞날이 창창한 아이는 더 말할 게 없습니다. 늦었다고 생각할 때가 언제나 가장 빠릅니다.

설사 책을 싫어하고 안 읽는 아이라 해도 좋아하는 분야는 있습니다. 과학, 역사, 철학, 윤리, 소설, 동시, 어느 분야든 상관없습니다. 아이가 흥미를 가질 만한 주제를 다룬 짧은 글부터 시작하세요. 신문 기사나 잡지 칼럼처럼 양질의 문장을 매일 꾸준히 읽으면 독해력이 서서히 올라갑니다. 부모가 함께 읽으면서 아이의 부족한 독해 능력을 채워주신다면 더 빨리 늘고요.

3 _ 유튜브나 인터넷 기사만 보는 아이

유튜브에서 책을 읽고 요약한 영상을 보신 적이 있을 겁니다. 짧은 영상 한 편을 보고 나면 마치 책을 한 권 읽은 것처럼 느껴집니다. 스마트폰은 또 어떤가요. 작은 화면으로 몇 줄만 읽어도, 흡사 글 전체를 다 읽은 것처럼 여겨집니다.

이때 독자는 글의 핵심을 이해했다고 생각할지 몰라도 사실은 그렇지 않습니다. 어떤 글이든 전체적인 흐름과 숨은 맥락을 정확하게 파악하느냐가 유창한 독해와 그렇지 않은 독해를 가릅니다. 일부만 읽거나 남의 설명만 듣는 정도로는 제대로 된 독해를 할 수 없습니다. 요즘 아이들의 독해 능력이 계속해서 떨어지는 것도 그래서입니다.

상급 학교에 진학하면 학습 내용이 초등학교와 비교할 수 없이 어려워집니다. 교과서는 어려운 단어 투성이입니다. 이런 상황에서 독해마저 꼼꼼하게 하지 못한다면 어떤 일이 벌어질까요? 결과는 불 보듯 뻔합니다. 수업 태도는 갈수록 나빠지고 시험 문제조차 이해하지 못해 성적이 뚝뚝 떨어집니다.

요즘 아이들은 인터넷으로 글을 읽는 게 일상입니다. 아이가 어릴 때 꼼꼼하게 읽는 습관을 잡아주는 것이야말로 요즘 아이들을 위한 독서 지도에서 가장 핵심이 되는 부분입니다. 그러려면 부모가 아이와 함께 같은 글을 읽고 이야기를 자주 나눠야 합니다. 그래야 독해에서 어떤 부분에 문제가 있는지도 알 수 있습니다.

4_ 어릴 땐 책을 좋아했지만 커서는 교과서를 어려워하는 아이

"지민(초6)이가 교과서를 잘 못 읽는 것 알고 계시지요?"

"우리 지민이가 교과서를 잘 못 읽는다고요?"

지민이 엄마는 깜짝 놀랐습니다.

"교과서 문장들을 읽히면 무슨 뜻인지 이해를 잘 못해요."

"어릴 때 동화책은 좋아했거든요. 커서는 학원 다니고 하느라 바빠서 책을 좀 안 읽긴 했는데, 그 정도인 줄 몰랐어요. 어릴 때 책을 좋아하고 많이 읽으면 나중에도 그게 유지된다고 생각했어요."

지민이 엄마처럼 어릴 때 동화책을 좋아했으면 커서도 그 독해력이 그대로 유지된다고 생각하는 분들이 많습니다. 자전거는 한번 탈 줄 알면 나중에 시간이 한참 흐른 다음에도 탈 수 있습니다. 수영도 그렇죠. 그렇지만 독해력은 그렇지 않습니다. 꾸준히 읽고 쓰고 생각하지 않으면 누구나 독해력이 떨어집니다.

읽기에서 어려움을 겪는 아이는 여러 가지 이유로 공부를 잘하기가 힘듭니다. 또래보다 읽기 능력이 떨어지면 교과서를 배울 때도 모르는 단어가 많아서 무슨 말인지 이해하느라 읽다가 머뭇거리고, 머뭇거리느라 읽는 속도가 느려집니다. 읽는 속도가 느리니까 더 재미없어서 읽기를 싫어하게 됩니다. 읽지 않으니 독해력은 더 떨어집니다. 독서의 악순환이죠.

이런 문제 요인을 빨리 발견하면 좋겠지만 읽기 능력은 좀처럼 눈에 잘 띄지 않습니다. 아이가 글을 읽고 어떤 내용인지 말로 설명해 보고, 문제를 푸는 모습을 세심하게 지켜보지 않는 한 우리는 아이의 머릿속에서 어떤 일이 일어나고 있는지 잘 모릅니다. 부모가 이런 문제 요인들을 빠르게 파악하고 대처하려면 역시 함께 읽고 이야기 나누는 게 필요합니다.

③ 전략적으로 읽으면
교과서가 쉬워진다

전략적 읽기는 읽기 능력을 키워주는 좋은 방법입니다. 교과서를 읽을 때도 도움이 되고, 어려운 텍스트를 읽을 때도 내용을 빠르게 파악할 수 있어서 매우 유용합니다. 이때 자주 사용되는 게 SQ3R 전략적 읽기 모형입니다.

SQ3R(Robinson, 1946)은 심리학자인 미국 오하이오주립대학의 프랜시스 로빈슨 교수가 제2차 세계대전 때 훈련병 교육 시스템의 일환으로 고안했다고 합니다. 이 읽기 모형은 훑어보기, 질문하기, 자세히 읽기, 되새기기, 복습하기의 다섯 단계로 구성되어 있으며 여러 가지 다양한 읽기에 응용할 수 있습니다.

특히 책을 읽는 방법으로 가장 널리 이용되며, 책을 집중해서 읽는 데에도 도움이 됩니다. 국어과 교사용 지도서에서도 소개된 최강의 읽기 전략이지요. 가정에서는 훑어보기 단계에서 20분, 책을 읽고 질문하기 단계에서 20분 등 단계적으로 활용하면 좋습니다.

1단계: 훑어보기(Survey)

책을 전체적으로 훑어서 알 수 있는 사실들을 최대한 찾아내는 것을 말합니다. 책을 가볍게 훑어보고 알 수 있는 것을 아이와 함께 이야기 나눠보세요. 훑어보기에 익숙해지면 나중에는 목차만 보고 이야기를 만들어 보는 것을 추천합니다.

예시
- 책의 표지는 어떤 느낌이니? 따뜻한 느낌? 무시무시한 느낌?
- 제목에는 무슨 뜻이 있을까?
- 부제는 왜 이렇게 붙였을까?
- 다른 제목을 짓는다면 어떤 게 있을까?
- 작가는 누구니?
- 표지에 나오는 세 사람은 누구일까?
- 차례를 훑어볼까?

2단계: 질문하기(Question)

읽은 글을 바탕으로 질문하는 것을 말합니다. 질문은 책을 더 깊이 이해하고, 더 빠르게 파악할 수 있는 힘을 길러줍니다. 육하원칙(언제, 어디에서, 무엇을, 어떻게, 왜, 누가)으로 질문해 보세요. 질문 카드를 미리 만들어 놓고 활용하면 더 좋습니다.

예시
- 이건 누가 한 일이니?
- 언제 있었던 일이야?

- 왜 이런 일이 일어났을까?
- 어디에서 벌어진 일이니?
- 주인공은 어떤 선택을 한 것일까?
- 어떻게 된 걸까?
- 왜 이런 행동을 했다고 생각하니?

3단계: 자세히 읽기(Read)

차분하고 꼼꼼하게 읽는 단계입니다. 내용을 자세하게 읽는 것이 목표기 때문에 입에서 사탕을 녹여 먹듯이 세심하고 꼼꼼하게 읽습니다.

4단계: 되새기기(Recite)

암송하기와 같은 활동입니다. 책의 내용을 발췌하여 외우거나 책의 내용을 개요로 다시 작성해 보면서 내 것으로 만듭니다. 책을 완벽하게 내 것으로 체득하는 과정이기 때문에 가장 중요한 단계라고도 할 수 있습니다. 이때 내 생각을 짧은 글로 표현해 보면 더 좋습니다.

예시
- 가장 중심이 되는 내용은 무엇이라고 생각하니?
- 이 글에서 가장 중요하다고 생각했던 장면은 무엇이었니?
- 왜 그렇게 생각했는지 설명해 볼래?
- 이 책에서 가장 중요한 인물은 누구라고 말할 수 있을까?

- 그렇게 생각한 이유를 말해볼래?
- 이 글을 한 문장으로 요약하면 어떻게 말할 수 있을까?

5단계: 복습하기(Review)

앞의 모든 단계를 되감기하듯 떠올려 봅니다. 전체적인 글의 흐름과 내용을 생각해 보게 합니다.

처음에는 한두 문단 정도의 짧은 글을 연습 삼아 전략적 읽기(SQ3R)를 해보세요. 이 과정이 익숙해지면 한 챕터 정도로 늘리고, 그다음에는 얇은 그림책 한 권을 함께 SQ3R 방법으로 읽어보세요. 이런 식으로 동화책, 소설책, 과학 잡지 등으로 단계를 서서히 높여가세요. 나중에는 두꺼운 책 한 권도 거뜬하게 읽어냅니다.

4 책 내용을 질문하며 이야기 나누기

학부모 강연을 갔을 때 일입니다. 강연이 끝난 후 어느 엄마가 물었습니다.

"선생님, 저는 직장맘입니다. 회사에 갔다 오면 너무나 피곤하지만, 아이에게 매일 두 시간씩 책을 읽어줍니다."

그 말을 듣는 순간 오래전 제 모습이 떠올랐습니다. 저도 성연이가 백일이 되었을 때 72권짜리 전집을 샀던 엄마입니다.

"아이가 다섯 살인데, 요즘은 책을 손에 들면 도망가요. 제가 책을 재미없게 읽어줘서 그런 걸까요."

"어머니, 많이 읽어주려 하지 말고, 단 몇 권을 읽어도 이야기를 많이 나누시면 어떨까요."

그때 제가 드렸던 해결책입니다. 부모가 책을 읽어주는 과정에서 아이는 즉각적인 피드백을 얻을 수 있습니다. 궁금한 것도 해결할 수 있고, 모르는 어휘도 배우게 되고, 풍부한 배경지식을 듣기도 합니다. 아이는 이때 내용을 이해하는 독해력을 키웁니다. 그런데 막상 책을 읽어주고 이야기 나누려면 무엇을 어떻게 해야 할지 모르겠다는 분이 무척 많습니다.

이럴 때는 질문 카드를 만들어 활용하면 쉽고 재미있게 아이와 이야기를 나눌 수 있습니다. 질문 카드는 한번 만들어두면 두고두고 활용할 수 있어서 매우 유용합니다. 명함 크기의 두꺼운 종이 여러 장을 이용해 만들어 주세요. 책을 읽고 나눌 수 있는 질문들을 아이와 함께 직접 카드에 적어보세요.

주인공은 왜 그런 행동을 했을까?
어떤 의미일지 설명해 볼래?

확인하기: 책의 내용을 확인하는 질문으로 주인공이 한 행동, 그에 따른 의미 등을 묻습니다.

이 책을 읽고 무엇을 알게 되었니?

질문하기: 책을 읽고 알게 된 것이 무엇인지 묻습니다. 책을 읽고 새롭게 알게 된 점, 궁금증을 해결한 부분, 책에서 배운 점 등을 확인합니다.

요약하기: 책의 줄거리, 대략적인 내용을 요약해 보게 합니다.

> 이 책은
> 무슨 이야기를 하는 걸까?

예측하기: 다음에 어떤 일이 벌어질 것 같은지 예측해 보게 합니다.

> 앞으로 어떤 일이
> 벌어질까?

공감하기: 책에서 가장 공감이 되고 감정을 이입했던 부분을 묻습니다.

> 책에 나온 문장 중에서
> 가장 마음에 들었던
> 문장 세 개만 골라볼까?

응용하기: 책의 줄거리나 주인공의 성격 등을 바꿔보도록 합니다. 책을 깊이 이해하고 충분히 공감해야 할 수 있는 활동입니다.

> 이 이야기의
> 다른 버전이 나온다면
> 어떻게 바꿀 수 있을지
> 이야기해 볼래?

핵심 찾기: 책에서 가장 중요하고 핵심이 되는 부분을 찾아봅니다. 작가의 의도나 책의 주제를 표현하는 문장이나 장면 등을 찾습니다.

> 이 글의 핵심이 되는 문장은
> 무엇이라고 할 수 있을까?

느낌 표현하기: 책을 읽으면서 가장 감동했던 부분, 가장 슬펐던 부분, 가장 인상 깊었던 부분, 가장 화났던 부분 등이 무엇이었는지 떠올려 보고 느낌을 말이나 글로 표현해 보게 합니다.

> 가장 인상 깊었던 장면은
> 무엇이었어?

만약 나라면: 내가 주인공이라면, 내가 그 상황에 놓였다면, 내가 주인공의 친구였다면, 내가 그 시대에 살았더라면 등 다양한 상황을 설정하고 이야기 나눕니다.

> 내가 주인공이라면
> 어떤 선택을 할까?

저학년 아이는 질문 카드로 이야기를 나누고 나서 그림으로 그려보기, 독서엽서 꾸미기, 핵심 문장으로 책갈피 만들기 등으로 연계하면 좋습니다. 중학년부터는 독후감을 쓸 수 있지만, 재미있게 읽은 책이어도 막상 독후감을 쓰라고 하면 쓸 말이 없어서 못 쓰겠다고 말하는 경우가 많습니다. 글로 생각이나 느낌을 표현하는 것은 상당히 논리적인 사고가 요구되기 때문입니다.

이런 경우도 책을 읽고 느끼고 생각한 부분을 먼저 질문 카드로 정리한 뒤에 글로 표현하게 하면 좋습니다. 생각을 정리하고 쓸거리를 찾아낸 뒤이기 때문에 독후감 쓰기도 한결 수월해집니다.

읽기1 수준별 책 읽기

✦ 아이가 어리거나 저학년인 경우

준비물 문장 구조가 비슷하거나 반복되는 쉬운 책

7분 ·························· **함께 책 읽기** ··························

1 엄마가 먼저 천천히 한 문장씩 읽습니다.

   밀어내라! 밀어내라!

2 엄마가 읽은 문장을 아이가 따라서 읽습니다.

   밀어내라! 밀어내라!

3 이와 같은 방식으로 책을 읽어나갑니다.

10분 ·························· **역할 바꾸기** ··························

4 역할을 바꿔서 아이가 문장을 읽습니다. 아이가 잘못 읽거나 더듬거리는 부분은 엄마가 친절하게 짚어주세요.

5 아이가 읽은 문장을 엄마가 따라서 읽습니다.

6 잘못 읽거나 어려워한 문장만 엄마가 다시 읽어주세요.

7 역할을 바꾸어 잘못 읽었던 문장만 아이가 다시 소리 내서 읽습니다.

3분 ·························· **이야기 나누기** ··························

8 책을 읽으면서 느낀 점을 아이와 이야기 나눕니다.

9 소리 내서 읽은 책에는 스티커를 붙여서 표시합니다.

✦ 중학년(3~4학년)

준비물 내용이 어렵지 않은 책이나 읽기 교과서, 미리 준비해 둔 질문 카드

7분 ················· 함께 책 읽기 ·················

1 한 쪽을 소리 내서 읽되, 세 문장씩 끊어서 읽습니다. 3~4학년 아이들은 평소 말하는 속도로 읽을 수 있습니다. 아직 그렇게 읽지 못하는 아이는 정확하게 소리 내서 읽는 데 초점을 두고 천천히 읽습니다.

2 아이가 읽을 때 엄마는 주의 깊게 듣습니다. 발음이 틀리거나 읽을 때 주춤거리는 부분은 아이 모르게 살짝 체크하세요.

3 아이가 세 문장을 읽으면 엄마도 똑같은 문장을 읽습니다. 엄마가 읽을 때는 정확하게 발음하는 것을 들려주는 데에 초점을 두고 또박또박 읽습니다.

10분 ················· 질문 카드를 활용해서 이야기 나누기 ·················

4 한 쪽을 다 읽은 다음 뒤집어 놓은 질문 카드 중 아무 카드나 골라서 질문합니다.

- 누가 나오는 이야기였어?
- 왜 이런 일이 벌어졌지?

5 엄마가 묻고 아이가 답해도 좋고, 아이가 묻고 엄마가 답해도 좋습니다. 번갈아 가면서 답하고 물어봅니다.

3분 ················· 정리하기 ·················

6 느낀 점을 간단하게 이야기 나눕니다.

7 느낀 점을 그대로 글로 옮겨 씁니다. 짧은 글이어도 괜찮습니다. 글로 정리해 보는 것이 중요합니다.

8 아이와 함께 읽은 책에는 스티커를 붙여서 표시합니다.

✦ 고학년(5~6학년)

준비물 읽기·사회·과학 과목 등의 교과서, 미리 준비해 둔 질문 카드

7분 ·········· 함께 책 읽기 ··········

1 한 쪽을 소리 내서 읽되, 안 틀리고 읽을 수 있는 만큼 쭉 이어서 읽게 합니다. 발음이 정확하지 못한 부분이나 틀린 부분은 아이 스스로 체크하게 하세요.

2 틀리게 읽은 부분부터 엄마가 받아서 읽습니다. 엄마가 읽다가 틀리면 그 부분부터 아이가 받아서 읽습니다.

3 이런 식으로 두 쪽 이상 읽습니다.
(몇 페이지를 읽을지는 아이와 엄마가 함께 정합니다)

10분 ·········· 질문 카드를 활용해서 이야기 나누기 ··········

4 핵심 문장이 무엇인지 질문합니다.

5 엄마가 생각한 핵심 문장과 아이가 생각한 핵심 문장이 같은지 이야기 나눠봅니다.

6 질문 카드로 2~3개 정도 질문합니다.

3분 ·········· 정리하기 ··········

7 질문 카드에서 답한 내용을 그대로 글로 옮겨 쓰게 합니다.

8 아이와 함께 읽은 책에는 스티커를 붙여서 표시합니다.

의미 단위 읽기를
지금 당장 시작하라

5

여러분은 한 문장이 서너 줄짜리인 긴 영어 신문 기사를 읽어야 할 때 어떻게 읽으시나요? 대부분 연필을 들고 끊어 읽을 곳에 표시하면서 읽을 겁니다. 영어 실력이 좋은 분이라면 끊지 않고 쭉쭉 읽겠지요. 이때 음절이나 어절 단위에서 끊어 읽는다면 읽는 속도가 떨어집니다. 독해 시간이 오래 걸릴 수밖에 없습니다.

수능 언어 영역은 지문이 매우 깁니다. 언어 영역을 잘하는 학생이 읽는 방식도 이와 비슷합니다. 이들도 한 번에 여러 줄을 읽어 내리면서 꼭 필요한 부분에서만 끊어 읽습니다. 속도는 빠른데, 내용은 내용대로 잘 이해합니다. 외국어든 한국어든 독해력이 우수할수록 끊어 읽지 않고 덩이째 읽습니다.

의미 단위로 끊어서 읽는 훈련을 하면 글을 빠르게 읽으면서도 내용은 정확하게 이해할 수 있게 됩니다. 원래 독해력이 올라가면 누구나 자연스럽게 의미 단위로 읽게 되지만, 순서를 바꿔서 의미 단위로 읽는 훈련을 꾸준히 하다 보면 독해력을 끌어올릴 수 있는 것입니다.

다시 말해 의미 단위 읽기는 읽기 능력을 끌어올릴 수 있는 최고의 방법입니다. 물론 처음부터 이런 읽기가 잘 되진 않습니다. 여러분이 글자 모양조차 생소한 아랍어를 배운다고 상상해 보세요. 무슨 글자인지 잘 모르니 한 글자씩 읽겠죠.

아이들도 똑같습니다. 처음엔 누구나 글자 단위로 더듬거리면서 한 글자, 한 글자 읽습니다. 아/빠/가/방/에/들/어/가/신/다 같은 식입니다. 글자마다 끊어서 읽으면 이해하기도 어렵고 무슨 이야기를 하고 있는 건지 금방 헷갈리게 됩니다.

그러다가 독해력이 올라갈수록 점점 의미 단위 읽기로 나아갑니다. 글자 단위에서 끊어 읽던 게 단어 단위로 끊어 읽게 되고, 이어서 구나 문장 단위로 확장됩니다. '아빠/가/방/에/들어/가신다'처럼 읽던 아이가 '아빠가/방에/들어가신다'로 읽게 되는 것입니다.

이처럼 끊어서 읽는 범위가 커질수록 문장을 통으로 이해하게 됩니다. 이게 익숙해지면 긴 문장을 읽으면서도 무슨 뜻인지 술술 이해가 됩니다. 문장을 몇 배는 빠른 속도로 읽으면서 저절로 이해하는 단계에 도달하는 것입니다.

다만 모의고사를 자주 보면서 자신의 독해 수준을 계속 확인할 수 있는 고등학생과 달리 초등학생은 스스로 독해 수준을 파악하기도 힘들거니와 따로 독해력을 측정하는 일도 없습니다. 그렇기 때문에 부모가 함께 읽으면서 지도하는 게 좋습니다.

특히 처음에는 크게 소리 내서 자꾸 읽어야 합니다. 그래야 매끄럽고 유창하게 읽을 수 있게 됩니다. 유창하게 읽을수록 글을 점점 더 큰 덩이로 끊어서 읽을 수 있게 됩니다.

처음에는 어떻게 끊어서 읽는지를 중점적으로 살펴보시고, 덩이로 끊어서 읽도록 시범을 보여주세요. 읽은 다음 함께 내용을 확인하고 핵심이 무엇인지 파악하는 식으로 지도하세요.

읽기2 ‧ 의미 단위로 끊어 읽기

준비물 내용이 어렵지 않은 책이나 읽기 교과서, 타이머, 질문 카드

5분 ·················· **읽기 전 활동** ··················

1 읽을 내용을 가볍게 훑어보고, 어려운 어휘를 미리 지도합니다.

10분 ·················· **읽기 활동** ··················

2 1분 동안 소리 내서 읽습니다. 이때 아이가 어떻게 끊어 읽는지 텍스트에 빗금 치기로 표시합니다. 1분 동안 읽은 음절 단위를 세어서 기록합니다.

3 어떻게 끊어 읽는지 눈여겨 살핍니다.

새어머니는 마당에 팥을 뿌린 다음, 콩쥐에게 모두 주워서 다시 소쿠리에 담으라고 말했습니다.

글자마다 끊어 읽는다면:
새/어/머/니/는/ 마/당/에/ 팥/을/ 뿌/린/ 다/음/, 콩/쥐/에/게/ 모/두/ 주/워/ 서/ 다/시/ 소/쿠/리/에/ 담/으/라/고/ 말/했/습/니/다/.
단어에서 끊어 읽는다면:
새어머니/는/ 마당/에/ 팥/을/ 뿌린/ 다/음/, 콩쥐/에게/ 모두/ 주워서/ 다시/ 소쿠리/에/ 담으라고/ 말했습니다/.
의미가 전달되는 만큼 끊어 읽는다면:
새어머니는/ 마당에 팥을 뿌린 다음/, 콩쥐에게/ 모두 주워서/ 다시 소쿠리에/ 담 으라고/ 말했습니다/.
의미가 전달되는 덩어리로 끊어 읽는다면:
새어머니는 마당에 팥을 뿌린 다음/, 콩쥐에게 모두 주워서/ 다시 소쿠리에 담으라 고 말했습니다/.

4 질문 카드로 이야기 나눕니다.

- 이 글은 무엇에 대한 글이었니?
- 이 글에 나온 사람은 누구누구니?
- 이 글의 설명과 다른 것은 무엇이지?
- 아까 ○○○은 무슨 뜻이라고 했지? 등

5 의미 단위로 끊어 읽는 시범을 보입니다.

 5분 ────────────── **읽은 후 활동** ──────────────

6 의미 단위로 읽기를 한 다음 느낀 점을 간단하게 이야기 나눕니다.

7 의미 단위로 읽는 것이 왜 중요한지 가볍게 설명합니다.

8 아이가 잘한 점을 칭찬하고 격려합니다.

책이 싫다는 아이는
어떻게 가르쳐야 할까?

아이와 함께 책을 읽으려고 해도 아이가 책 자체를 싫어하는 경우도 많습니다. 책 읽기가 싫다는 아이들에게는 책을 도구 삼아 재미있게 놀아주기를 추천합니다. 책에 숨은 핵심 문장도 찾아보고, 책을 장난감처럼 갖고 놀아도 좋습니다. 아이들이 책을 친구처럼 사랑하게 됩니다.

5학년을 담임했을 때 일입니다. 반에 45명이나 되는 학생들이 있었습니다. 학생이 워낙 많다 보니, 책을 사랑하는 아이가 있는가 하면 책은 거들떠보기도 싫어하는 아이가 있었습니다. 어르고 달래 가면서 책을 읽히고 독후감도 쓰게 했습니다. 학생 대부분이 잘 따라줬는데, 뜻밖에도 책을 아예 안 읽으려는 아이가 6명이나 있었습니다. 이 아이들은 의기투합해서 '책싫모(책을 싫어하는 사람들의 모임)'라는 모임까지 만든 뒤였습니다.

고민 끝에 이 아이들을 대상으로 독서 동아리를 만들었습니다.

제가 직접 아이들을 데리고 주말마다 시립도서관에 갔습니다. 도서관에 가는 것조차 끔찍하다고 투덜댔지만, 그래도 살살 달랬더니 아이들이 하나둘 따라나서더군요. 처음엔 도서관 마당에서 공놀이만 하다가 집에 왔습니다. 다음 주엔 도서관 1층까지, 그 다음 주엔 열람실까지, 그다음은 책꽂이 앞까지, 그렇게 꾸준히 도서관을 다녔습니다.

책싫모 아이들은 그렇게 도서관에 가는 일에 서서히 익숙해졌습니다. 책 이야기를 나누고 질문 카드도 만들고, 핵심 문장도 같이 찾았지요. 나중엔 책싫모 아이들 모두가 대단한 독서가가 됐습니다. 반에서 가장 많은 책을 읽게 된 것도 이 아이들이었고요. 아이들과 도서관에 다니느라 오랜 시간 주말을 반납해야 했지만, 아이들이 달라지는 모습을 보는 것은 정말로 뿌듯하고 즐거운 일이었습니다.

책은 안 읽어서 싫은 것이지, 막상 읽기 시작하면 즐겁고 재미납니다. 책을 싫어하는 아이가 한번에 저절로 책을 좋아하게 되지는 않습니다. 책과 친해지고 친구가 될 재미있고 즐거운 경험을 자꾸 만들어 줘야 아이도 책을 좋아하게 됩니다.

저는 어떤 학년을 담임해도 한 달에 한 번은 〈책 속의 보물찾기〉 놀이를 했습니다. 보물 쪽지를 만들어서 아이들 모르게 학급 문고 여러 권에 숨긴 다음, 책을 한 권 한 권 읽어가면서 보물을 찾게 했습니다. 어릴 때 소풍 가면 가장 기다려지고 기대되던 게 보물찾기 시간이었습니다. 소풍 장소를 샅샅이 뒤져야 보물을 찾아낼 수 있었는데, 그게 어찌나 재밌던지요. 나중에 교사가 된 다음 이걸 책으로 살짝 응용한 것입니다.

아이들도 책에서 보물 쪽지를 찾아내면 정말 좋아했습니다. 저는 아이들에게 '어때, 정말로 책에 보물이 숨어 있지? 책을 많이 읽어봐. 그럼 글자들 사이에 숨은 진짜 보물도 찾게 될 거야'라고 말해주었습니다.

책을 꾸준히 읽어야 한다, 책을 많이 읽어야 훌륭한 사람이 된다, 같은 백 마디 말보다 재미있게 책으로 놀아주는 게 책을 좋아하게 만들고 책과 친해지도록 하는 데에 더 효과적입니다. 책으로 놀아줄 다양한 활동들을 소개합니다. 가정에서 다양하게 응용해 보세요.

읽기 3 **책으로 노는 아홉 가지 방법**

✦ **책 속 보물찾기**

준비물 포스트잇 여러 장, 예쁜 도장이나 스탬프

3분 ⋯⋯⋯⋯⋯⋯⋯⋯⋯⋯⋯⋯⋯ **준비하기** ⋯⋯⋯⋯⋯⋯⋯⋯⋯

1 포스트잇에 아이와 함께 도장이나 스탬프를 찍어서 보물 쪽지를 2~3개 만듭니다. 꽝 쪽지도 함께 만드세요.

10분 ⋯⋯⋯⋯⋯⋯⋯⋯⋯⋯⋯⋯⋯ **활동하기** ⋯⋯⋯⋯⋯⋯⋯⋯⋯

2 아이에게 눈을 감고 50까지 세라고 합니다.

3 아이가 숫자를 세는 동안 보물 쪽지를 아이가 좋아하는 책에 숨깁니다.

4 보물 쪽지를 찾게 합니다.

7분 ⋯⋯⋯⋯⋯⋯⋯⋯⋯⋯⋯⋯⋯ **마무리하기** ⋯⋯⋯⋯⋯⋯⋯⋯⋯

5 보물 쪽지를 찾아낸 책을 가져오면 칭찬해 주세요. 보물 쪽지를 찾은 책을 아이와 함께 읽습니다.

6 꽝 쪽지를 찾았으면 그 책은 엄마가 읽어주세요.

7 함께 책을 정리합니다.

✦ 책 제목으로 짧은 글짓기

준비물 책 4~5권, 흰 종이, 필기구

3분 ⸻ 준비하기 ⸻

1 책을 여러 권 가져옵니다.

2 가져온 책을 바닥에 뒤죽박죽 섞어서 늘어놓습니다.

『사과가 쿵!』, 『천년손이 고민해결사무소』, 『잘 자요 달님』, 『빨간머리 앤』, 『자전거 도둑』

15분 ⸻ 활동하기 ⸻

3 책을 세 권만 고릅니다.

4 고른 책의 제목으로 짧은 글을 지어서 종이에 써보세요.

1) 사과가 쿵 하면서 천년손이 고민해결사무소 앞에 떨어졌습니다. 지나가던 자전거 도둑이 그걸 보고는 냉큼 주워서 가져갔어요.

2) "잘 자요, 달님" 하고 빨간머리 앤이 속삭였습니다. 그 순간 멀리서 사과가 쿵! 하고 떨어졌습니다.

2분 ⸻ 마무리하기 ⸻

5 느낀 점을 이야기 나누세요.

6 함께 책을 정리합니다.

✦ 책으로 다섯 고개 하기

준비물 책 3~4권

3분 ·· **준비하기** ···

1 준비한 책 가운데 한 권을 아이가 엄마 모르게 고릅니다.

2 고른 책으로 다섯 고개를 시작합니다.

15분 ·· **활동하기** ···

3 엄마가 다섯 질문 안에 답을 맞혀야 합니다.

- 이 이야기는 주인공이 다섯 명인가요?   (아니요, 세 명이에요)
- 이 이야기는 고민을 해결하는 내용인가요?   (네)
- 이 이야기의 주인공이 한복 같은 옷을 입나요?   (네)
- 이 책은 판타지인가요?   (네)
- 이 책의 제목은 "천년손이 고민해결사무소"인가요?   (네)

4 역할을 바꿔서 해봅니다.

2분 ·· **마무리하기** ···

5 느낀 점을 이야기 나누세요.

6 함께 책을 정리합니다.

✦ 책 트리 만들기

준비물 색연필과 사인펜, 책 10권 이상, 엽서 크기의 빳빳한 종이 10여 장, 나무 그림이나 크리스마스트리 모형, 굵은 털실이나 리본

2분 ‥‥‥‥‥‥‥‥‥ 준비하기 ‥‥‥‥‥‥‥‥‥

1 명함 크기 종이를 10장 이상 준비합니다.

13분 ‥‥‥‥‥‥‥‥‥ 활동하기 ‥‥‥‥‥‥‥‥‥

2 마음에 드는 책 표지를 종이에 예쁘게 그립니다.

3 특별히 강조해야 할 부분이나 책 제목은 눈에 띄게 그립니다.

4 뒷면에 별점 평가를 매겨봅니다. 별 다섯 개가 만점입니다.

5분 ‥‥‥‥‥‥‥‥‥ 마무리하기 ‥‥‥‥‥‥‥‥‥

5 아이와 함께 트리 모형이나 나무 모양 그림에 책 표지를 예쁘게 달아주세요.

6 별점을 많이 준 책은 왜 그렇게 별점을 줬는지 이야기 나눠보세요.

7 함께 정리합니다.

✦ '라떼는 말이야' 책 읽어주기

준비물 아이가 어릴 때 좋아했던 그림책, 큼직한 장난감이나 인형

2분 ···················· **준비하기** ·····························

1 소파나 작은 의자에 장난감이나 인형을 앉히세요. 동생이 있을 경우 동생을 앉히면 더 좋습니다.

15분 ···················· **활동하기** ·····························

2 아이가 어릴 때 좋아했던 그림책을 아이와 함께 장난감이나 인형, 동생에게 읽어주세요.

3 엄마는 대화글이나 의성어, 의태어만 읽습니다.

4 '~라떼는 말이야, 이 책이 좋았거든. 왜냐하면~'으로 시작하는 책 이야기를 인형이나 장난감 또는 동생에게 들려줍니다.

5 책에게 해주고 싶은 말을 물어보세요.

지우야, 이제 『사과가 쿵!』 책은 안 읽잖아. 어릴 땐 많이 읽었는데 말이야. 『사과가 쿵!』은 지우가 읽어주지 않아서 오랫동안 책꽂이에 그냥 꽂혀 있었는데, 이 책한테 해줄 이야기 없어?

6 책에게 해주고 싶은 말을 포스트잇에 적어서 책 안쪽에 붙여줍니다.

3분 ···················· **마무리하기** ·····························

7 책을 함께 정리합니다.

8 느낀 점을 이야기 나눕니다.

✦ 우리 집 책으로 기네스북 놀이하기

준비물 책 여러 권, 빨간 왕관 스티커 여러 장

2분 .... 준비하기 ....

1 책을 엄마와 아이가 같은 수로 나눠 갖습니다.

15분 .... 활동하기 ....

2 기네스북 놀이를 합니다. 엄마가 문제를 내고, 아이가 최고의 책을 찾아봅니다.

- 우리 집 책에 나오는 가장 긴 단어는?
- 우리 집 책 제목 중 가장 긴 제목은?
- 우리 집 책 제목 중 가장 짧은 제목은?
- 우리 집 책에 나오는 주인공 중 가장 힘이 센 인물은?
- 우리 집 책에 나오는 인물 중 가장 못된 인물은?
- 우리 집 책에 나오는 이야기 중 가장 오래된 이야기는?
- 우리 집 책 중 가장 슬픈 이야기는?
- 우리 집 책에서 가장 재미있는 책은?
- 우리 집 책에 나오는 삽화 가운데 가장 사람이 많이 나온 페이지는?
- 우리 집에서 제일 두꺼운 책은?
- 우리 집에서 제일 얇은 책은? 등

3 역할을 바꿔서 아이가 문제를 내고 엄마가 최고의 책을 찾아봅니다.

3분 .... 마무리하기 ....

4 최고의 책에는 빨간 왕관 스티커를 붙여줍니다.

5 느낀 점을 이야기 나눕니다.

✦ 책 제목으로 다행시 놀이하기

준비물 책 여러 권

2분 ··· **준비하기** ·································

1 원하는 책을 하나 고릅니다.

15분 ··· **활동하기** ·································

2 부모님이 먼저 책 제목의 첫 글자로 다행시를 시작합니다.

3 아이와 번갈아 가면서 다행시를 완성해 봅니다.

『공부의 신』

아빠: (공) 공부는 왜 해야 할까?
아이: (부) 부자가 되려고요.
아빠: (의) 의심스러운데, 다른 생각은 없니?
아이: (신) 신나게 놀 수 있어요. 공부 다 하면.

3분 ··· **마무리하기** ·································

4 완성된 다행시는 예쁘게 글로 옮겨봅니다.

5 느낀 점을 이야기 나누세요.

✦ 아빠와 함께 이심전심 책 놀이

준비물 책 여러 권, 사인펜 2자루, 스케치북 2권

2분 ···················· **준비하기** ····················

1 엄마가 책을 고릅니다.

15분 ···················· **활동하기** ····················

2 엄마가 문제를 내면 아빠와 아이가 스케치북에 답을 씁니다.

『천년손이 고민해결사무소』에는 누가 나올까요? 등장인물 5명 쓰기.

아빠: 천년손이, 구미호, 지우, 도깨비, 저승사자
수아: 천년손이, 삼미호, 지우, 저승사자, 요괴

3 둘이 함께 맞힌 답의 개수만큼 점수를 획득합니다.

둘이 함께 맞힌 답: 천년손이, 지우, 저승사자(30점)

4 다른 책으로 다시 문제를 내고 답을 맞혀봅니다.

3분 ···················· **마무리하기** ····················

5 어떤 책에서 가장 마음이 잘 통했는지 점수를 계산해 보세요.

6 아빠와 이심전심 베스트 책을 뽑아봅니다.

✦ 책으로 명함 만들기

준비물 책 여러 권, 사인펜, 명함 크기의 빳빳한 종이

2분 ·························· **준비하기** ··························

1 아이가 좋아하는 책을 몇 권 고릅니다.

15분 ·························· **활동하기** ··························

2 주인공의 명함을 만들어 줍니다.

3 아빠가 명함 틀을 만들어 주고, 아이가 내용을 채우게 하세요.

『천년손이 고민해결사무소』

이름: 천년손이
사는 곳: 인간계와 선계 사이, 인간들이 보고 들을 수 없는 곳
연락처: 요괴나 귀신, 저승사자들만 알고 있음

4 명함을 여러 장 만듭니다.

3분 ·························· **마무리하기** ··························

5 만든 명함은 책 표지 안쪽에 잘 붙이고, 느낀 점을 이야기 나누세요.

6 함께 뒷정리를 합니다.

CHAPTER
4

짧은 글부터 긴 글까지
쉽게 쓰기

❶ 어떤 엄마도
글쓰기 선생님이 될 수 있다

"엄마가 수학과 교수고, 아빠는 판사. 이런 집은 아이들을 어떻게 키울까?"

초등학교 5학년 이랑이가 학기 초에 전학을 왔을 때, 담임인 저도 궁금했습니다. 사교육을 많이 시키지 않을까, 따로 고액 과외를 하나, 혼자 상상해 본 적도 있습니다. 이 생각은 이랑이 엄마를 만나고 180도 바뀌었습니다.

이랑이 엄마는 아이들을 따뜻하고 겸손하게 키우려 애쓰고, 사교육 없이 공부와 인성의 균형을 잡기 위해 노력하는 분이었습니다. 그때 이랑이 언니는 재수를 하고 있었는데, 논술만 따로 과외를 받는 중이었습니다. 이랑이 엄마는 글쓰기를 강조하면서 말했습니다.

"선생님, 아이가 어릴 때 독서 습관을 들이면 책은 알아서 찾아서 읽어요. 그런데 글쓰기는 나중에 따로 가르치려니까 정말 힘들었어요. 선생님은 아이들이 어릴 때부터 독서와 글쓰기에 힘쓰세요. 특히 글쓰기요."

교직 경력이 23년이 넘은 지금은 왜 그렇게 이랑이 엄마가 글쓰기를 강조해서 이야기했는지 잘 압니다. 독서는 세상을 넓은 눈으로 바라보게 해주고, 글쓰기는 인생을 깊이 성찰하게 해줍니다. 글을 쓰면 삶이 깊어집니다. 특히 아이가 글을 쓰면 생각이 자라면서 함부로 행동하는 일도 줄어듭니다. 공부를 잘하게 되는 것은 더 말할 것도 없고요.

독서가 집어넣는 인풋이라면, 글쓰기는 꺼내는 아웃풋입니다. 독서를 많이 한 아이가 구슬 서 말을 가진 부자라면, 글을 쓰는 아이는 구슬을 꿰어서 목걸이로 만드는 장인과 같습니다. 당장은 구슬 꿰는 실력이 서툴러서 공들여 만든 작품들이 어설퍼 보일지도 모릅니다. 하지만 10년이 지나면 이야기가 달라집니다.

10년이 지난 다음에도 여전히 구슬만 모으는 아이와 구슬로 반지, 팔찌, 목걸이를 만드는 아이, 누가 더 생산적일까요. 책을 많이 읽어서 구슬을 많이 모았다면 이제는 구슬을 활용해 만드는 작업을 시작할 때입니다.

글쓰기는 근력 운동과 흡사합니다. 근육을 키우기 위한 근력 운동을 집에서 혼자 할 수도 있고, 헬스장에서 일대일로 전문가에게 레슨을 받을 수도 있습니다. 전문가가 곁에 있는 것과 없는 것은 차원이 다릅니다. 전문가에게는 좀 더 효과적이고 쉬운 방법을 배울 수 있어서 근육도 빨리 잡힙니다. 글쓰기도 글을 읽고 코칭해 줄 사람이 있으면 글이 빨리 늡니다.

아마 지금까지는 글쓰기 전문가를 밖에서만 찾아왔을 겁니다. 비싼 돈을 주고 과외를 했을 수도 있습니다. 이제부터는 엄마가 글쓰기 전문가가 되어주세요. 엄마가 영어도 가르치고 수학도 가르치는데, 글쓰기라고 못할 리 없습니다.

글쓰기를 엄마표로 가르치기 어렵다고 생각하는 것은 단지 엄마가 글을 안 써서 그렇습니다. 지금부터라도 함께 읽고 함께 쓰세요. 어렵지 않습니다. 글쓰기는 원리를 깨치고 나면 생각보다 쉽습니다. 논술, 독후감, 일기, 보고서 모두 그렇습니다. 함께 쓰고, 함께 나아가세요.

2

학교에서
가르쳐주지 않는
글쓰기의 비밀

"선생님, 뭐 써요?"

아이들이 다 함께 저를 바라보았습니다. 많아야 열 명 남짓, 학교에서 가장 인기 없는 글쓰기 동아리에 온 아이들이었습니다. 글쓰기 동아리에 왜 왔냐고 물었습니다. 아이들은 심드렁한 말투로 가위바위보에 져서 어쩔 수 없이 왔다고 입을 모았습니다.

"오고 싶어서 온 사람은 없니?"

아이들 모두 고개를 저었습니다. 사실은 저도 막막했습니다. 글쓰기를 좋아하긴 했어도, 가르쳐본 적은 한 번도 없었습니다. 당장 몇 달 뒤에는 전국 규모 글짓기 대회에 나가야 하는 상황이었습니다. 이럴 줄 알았으면 다른 동아리를 맡을걸 후회도 했습니다. 이렇게 저렇게 지도하다가 대회를 앞두고 꽤 괜찮은 방법을 찾아냈습니다. 효과를 검증해 본 적이 없어서 살짝 미심쩍었지만, 아이들에겐 그런 말을 차마 할 수 없었습니다.

우여곡절 끝에 드디어 대회가 열렸습니다. 누구도 좋은 결과를 기대하지 않았습니다. 저도 마찬가지였고요. 그런데 뜻밖에도 학생들이 대회에서 상을 타왔습니다. 아이들도 저도 얼마나 놀랐는지 모릅니다. 저는 글쓰기 지도 경험이 전혀 없었고, 아이들은 글짓기를 해본 적이 없었으니까요. 방법만 정확하면 생초보도 글쓰기로 상을 탈 수 있구나, 그때 처음 깨달았습니다.

경험이 서서히 쌓이면서 나중에는 어떤 식으로 가르쳐야 글이 달라지는지 알게 됐습니다. 다양한 규모의 글짓기 대회를 10년 가까이 지도하면서 깨달은 거지만, 글쓰기 대회는 기본적으로 몇 가지 조건을 충족해야 상을 탑니다. 그걸 알게 된 다음부터는 우리 반은 단체로 글짓기 대회에서 상금을 받아 파티를 하기도 했고, 저는 학교에서 상을 타는 노하우를 따로 지도하기도 했습니다.

지금은 초등학생에게 글쓰기를 가르치는 일이 있으면 목적부터 물어봅니다. 대회에서 상을 타고 싶다면 노하우를 알려주고, 그게 아니라면 자신감을 가질 정도로만 가르칩니다. 마찬가지로 교사들에게 글쓰기를 가르칠 때도 책을 쓰고 싶은 건지, 글을 잘 쓰고 싶은 자기만족을 위한 것인지 묻습니다.

이제 그 방법이 궁금하실 겁니다. 어렵거나 대단한 게 아닙니다. '말하기'로 시작하는 것입니다. 저는 교사들에게 글쓰기를 가르칠 때나 초등학생들에게 글쓰기를 가르칠 때나 똑같이 먼저 어떤 글을 쓰고 싶은지 이야기를 충분히, 자세하게 나눕니다. 왜 그 이야기를 쓰고 싶냐, 그건 이렇게도 생각할 수 있지 않으냐, 글에서 어떤 부분을 강조하고 싶냐, 어떤 주제를 다루고 싶냐 등을 촘촘하게 이야기 나눕니다. 그다음 부드럽게 말합니다.

"방금까지 나눈 이야기를 그대로 글로 옮겨볼래(요)?"

아이에게 글쓰기를 지도할 때도 이 부분이 가장 중요합니다. 저는 방금까지 한 이야기를 글로 쓰라고 하지 않습니다. 그대로 글로 옮겨보라고 합니다. 글쓰기는 생각을 글로 옮기는 행위이지, 무에서 유를 창조하는 행위가 아닙니다. 생각이 있어야 글도 있습니다. 좋은 글을 쓰려면 글 쓰는 사람이 스스로 생각을 반드시 정리할 수 있어야 합니다. 흔히 말하는 논리적인 사고력이 바로 이 지점에서 길러지는 것입니다.

저도 글쓰기 지도 경험이 없었을 때는 그냥 아무거나, 뭐든 써보라고 했습니다. 그러면 아이들이 멍한 얼굴로 연필을 깨물곤 했죠.

"선생님, 쓸 말이 없어요."

아마 이런 아이들이 꽤 많을 겁니다. 하지만 말로 실컷 떠들고 나면 쓸거리도 생깁니다. 말하면서 중요한 단어만 몇 개 끄적거려 놔도 쓸거리가 제법 있습니다.

글쓰기라고 하면 대부분 원고지나 연필, 머리를 쥐어뜯는 작가의 모습 등을 떠올립니다. 그러나 저는 글쓰기 하면 마이크가 먼저 떠오릅니다. 항상 중얼중얼 소리 내면서 글을 쓰기 때문입니다. 책을 쓸 때도 문장이 매끄럽게 읽힐 때까지 계속 소리 내 읽으면서 다

듣습니다.

글쓰기를 가르치려면 말하기를 먼저 가르치세요. 말과 글은 뿌리가 같습니다. 논리적으로 말하도록 지도하는 게 글쓰기 교육의 시작입니다.

말은 습관이기 때문에 평소에 아이가 하는 말을 주의 깊게 들어보고, 따뜻하게 피드백을 해주시면 좋습니다. 꾸준히 지도하시면 나중에는 그 누구라도 말로든 글로든 설득할 수 있습니다. 논술도 토론도 다 잘하는 무적의 아이로 키울 수 있습니다. 물론 생활문이나 독후감도 마찬가지고요.

논리적인 말하기를 가르치는 가장 쉬운 방법

논리적인 말하기라고 하면 어렵게만 생각하는 경우가 많습니다. 초등학생을 가르칠 때는 그게 무엇이든 어렵거나 복잡하게 생각하지 말고, 가볍고 쉬운 것부터 차근차근 알려주면 됩니다.

초등학생에게 논리적인 말하기를 가르치는 이유는 글쓰기를 잘하기 위해서이기도 하지만, 아이들이 한두 글자 짧은 단어로만 말하는 일이 많기 때문이기도 합니다. '그냥, 싫어, ㅇㅇ'은 의사를 표현하는 게 아닙니다. 예스, 노를 표시한 것이죠.

이렇게 단답형으로 말하면 아이들 사이에서 상대를 오해하는 일도 더러 생깁니다. 쟤는 나를 싫어해, 쟤는 나랑 놀기 싫은가 봐, 라고 생각하는 겁니다. 오랜 소통 끝에 결론을 내린 것이 아니라 단순한 정보 몇 가지로 추측하고 짐작하게 되면 사소한 시비가 싸움으로 이어지기도 합니다.

요즘은 비대면 수업이 많아지면서 교실에서조차 아이들이 친구들의 얼굴에 드러나는 감정을 제대로 읽지 못합니다. 서로 마주할 수 있는 기회가 많이 줄어들었기 때문입니다. 그렇기에 단답형 대답 대신 자세하게 대답할 수 있도록 지도하는 것이 더더욱 중요합니다.

두 학생이 교사에게 건의 사항을 말하는 상황입니다.

> A "선생님, 이건 ~ 하면 좋겠어요."
> B "선생님, 저는 이 일은 ~ 해야 한다고 생각해요. 그 이유는 첫째, ~ 하기 때문입니다. 둘째, ~ 하기 때문입니다. 셋째, ~ 하기 때문입니다. 정리하면 첫째, 둘째, 셋째 이유로 ~하는 것이 좋다고 생각합니다."

A는 이랬으면 좋겠다고 말했고, B는 왜 그래야 하는지 이유를 설명했습니다. 듣는 사람은 A와 B 둘 중 누구 의견에 설득당하기 쉬울까요? 당연히 B입니다. 교실에서 스무 명 남짓한 친구들과 선생님을 논리적으로 설득할 수 있다면 나중에는 더 많은 청중도 설득할 수 있습니다. 의견을 말할 때는 상대가 누구든 기본 구조는 똑같습니다.

의견 말하기의 기본 구조

① (내 의견 말하기) 나는 이렇게 생각해요.

　왜냐하면 … 이기 때문이에요.

② (친구에게 말하기) 나는 네가 이랬으면 좋겠어.

　왜냐하면 … 하면 좋기 때문이야.

③ (엄마에게 말하기) 나는 엄마가 이렇게 해주면 좋겠어요.

　왜냐하면 … 하길 바라기 때문이에요.

　의견 말하기는 저학년도 똑같이 지도할 수 있습니다. 주장과 이유를 함께 말하도록 가르치세요. 이렇게 말하는 아이의 의견을 들어주지 않는 경우는 드뭅니다. 차분하게 자신이 원하는 것을 말하면 아이 자신에게도 좋고, 주변 사람에게도 좋습니다.

　의견 말하기에 익숙해지면 생각을 글로 옮기는 작업도 한결 쉬워집니다. 글을 쓰는 것은 마음에서 주장하는 것을 그대로 글로 옮기는 것이기 때문입니다.

예시

지우　엄마, 아이스크림을 먹고 싶어요.

엄마　아이스크림을 먹고 싶구나.(공감)

　　　왜 아이스크림을 먹고 싶은지도 말해줄래?(이유까지 같이 묻기)

지우　그냥.(이유 없음)

엄마　자세하게 이야기해 줄래? 그래야 엄마를 설득할 수 있지. 지우는 뭘 하고 싶은 거야?

지우   으음, 나는 아이스크림을 먹고 싶어.(주장)

엄마   왜 아이스크림을 먹고 싶은데?

지우   왜냐하면 오늘은 점심도 많이 먹었고,(근거1) 날씨가 더워서 시원한 게 먹고 싶거든.(근거2)

엄마   그럼 이제 정리해서 이유까지 같이 말해볼래?

지우   나는 아이스크림을 먹고 싶어.(주장) 왜냐하면 오늘은 점심도 많이 먹었고,(근거1) 날씨가 더워서 시원한 게 먹고 싶거든.(근거2)

3 글쓰기를 잘하기 위한 두 가지 방법

글쓰기는 초등학생이나 성인이나 원리가 똑같습니다. 잘 쓰기 위해서는 두 가지를 반드시 기억해야 합니다.

첫째, 자세하게 써야 합니다. 글은 대충 써서는 실력이 좀처럼 늘지 않습니다. 조금 쓰다가 말아서도 안 됩니다. 무슨 말을 하려는지 읽는 이가 이해할 수 없습니다. 최대한 자세하게 무슨 이야기를 하려는 것인지 제대로 써줘야 합니다. 이 과정에서 원하는 만큼 글도 길어집니다.

우리가 아이에게 기대하는 것은 100자 남짓한 짧은 글을 잘 쓰는 게 아닙니다. 논리적이면서도 풍부한 사고력을 보여줄 수 있는 긴 글을 잘 쓰는 것입니다. 이런 글을 쓰기 위해서는 언제나 자세하게 써야 합니다.

자세하게 쓰는 방법을 알고 나면 글이 생각보다 매우 빠르게 길어집니다. 이 방법으로 글쓰기를 지도했을 때 학부모님들이 마법을 부렸다고 평가했을 정도입니다. 하루에 20분씩 꾸준히 지도하면 놀라울 만큼 글이 쑥쑥 길어집니다.

이때 육하원칙에 따라 질문하는 연습부터 충분히 해보는 게 좋습니다. 평소에 쓰던 글을 보면서 언제, 어디에서, 누가, 무엇을, 어떻게, 왜 했는지와 관련된 정보가 모두 들어가는 글을 써야 한다고 강조해서 지도하세요.

둘째, 풍성하게 써야 합니다. 글이 풍성하다는 것은 작가의 의도대로 내가 마치 그 자리에서 보고 듣고 느끼는 것처럼 쓰는 것을 말합니다. 본 대로, 들은 대로, 생각한 대로, 느낀 대로 쓰는 것을 가르쳐 주셔야 합니다.

이때 따옴표와 의성어, 그리고 의태어를 활용하면 글이 쉽게 풍부해집니다. 저는 이 세 가지를 합해서 글쓰기 삼총사라고 부릅니다. 처음에 글쓰기를 지도할 때는 의도적으로 큰따옴표를 두 개 이상, 작은따옴표도 한 개 이상 써보게 하세요. 그러면 들은 대로, 생각한 대로 글을 쓰는 것을 저절로 실천할 수 있습니다. 의성어나 의태어도 한두 개씩 넣게 하세요. 글이 놀라울 만큼 빠르게 늡니다.

글을 길게 쓰는 것은 전혀 어렵지 않습니다. 문제는 길기만 하고 재미가 없는 글입니다. 좋은 글은 독자가 읽으면서 상상할 수 있고, 감정을 이입해서 공감할 수 있고, 꿈꿀 수 있고 만질 수 있는 글입니다. 이렇게 쓰려면 반드시 들은 대로, 생각한 대로, 본 대로, 말한

대로 써야 합니다.

　마지막으로 글은 원고지에 쓰는 게 연습장이나 일기장에 쓰는 것보다 좋습니다. 가르치는 사람도 편리하지만, 원고지에 글을 쓰면 아이에게도 좋습니다. 무엇보다 글이 늘고 있다는 것을 직관적으로 깨달을 수 있습니다. 글이 얼마나 길어지는지 알 수 있고, 자연스럽게 맞춤법이나 띄어쓰기에 맞는 글을 쓰게 됩니다. 처음부터 워드 프로그램으로 타이핑하는 것보다는 손으로 써보게 하는 것을 추천합니다.

쓰기1 자세히 쓰기

준비물 일기장이나 짧은 동화책, 연필, 원고지

 2분 ·············· **준비하기** ··············

1 전에 썼던 일기장이나 동화책의 한 장면을 고릅니다.

> 오늘은 서점에 갔다. 서점에서 책을 세 권 샀다. 다 내가 좋아하는 책들로만 사서 기분이 좋았다. 오늘은 행복한 날이다.

4분 ·············· **고쳐쓰기** ··············

2 한 문장만 자세하게 바꾸어 봅니다. 이때 육하원칙으로 물어보면 쓸 말이 꽤 많다는 걸 알 수 있습니다. 질문이 나왔던 부분을 놓치지 않고 모두 써야 글이 원하는 만큼 길어집니다.

원래 문장: 오늘은 서점에 갔다.

→ 서점에 **왜** 갔지? 어린이날 선물을 사러 갔나? 그동안 책 많이 읽었다고 선물로 하나 더 사주셨나?

→ 서점에 **언제** 갔지? 저녁에 갔나? 밤늦게 갔나? 학교가 끝나자마자 갔나?

→ 서점까지 **얼마나** 걸렸나? 30분? 1시간?

→ 서점에 **누구랑** 갔나? 엄마랑 갔나? 아빠랑 갔나? 동생이랑 같이 갔나?

→ 엄마가 책을 사준다고 했을 때 나는 **어떤 기분**이었나? 신이 났나?

→ 서점에 **무엇을** 하기 위해 갔나? 서점에 문제집을 사러 갔다가 책을 산 거였나? 준비물을 사러 갔나?

→ 서점이 **어디에** 있나? 길 모퉁이에 있나? 도로 한복판에 있나? 책은 서점 어디에서 보았나? 모퉁이 책꽂이였나? 베스트셀러들이 놓여 있는 곳이었나?

→ 서점에서 책을 **어떻게** 골랐나? 표지를 보자마자 골랐나? 누가 추천해 줬나? 어디에서 재밌다는 이야기를 들었나?

→ 어떤 책을 골랐나? 책 제목은 무엇인가? 책 표지는 어떻게 생겼나? 책을 보고 무슨 생각을 했나? 등

완성하기

3 육하원칙으로 답한 내용을 하나의 글로 이어 써봅니다.

원래 문장: 오늘은 서점에 갔다.

고친 문장: 오늘은 그동안 책을 많이 읽었다고 엄마가 선물로 책을 사주기로 한 날이다. 나는 엄마와 함께 서점에 갔다. 저녁을 먹은 다음 엄마 차로 갔다. 차로 가면 10분밖에 안 걸리는 곳에 서점이 있어서 금방 도착했다. 엄마는 준비물을 사러 간 김에 책도 같이 사주겠다고 했다. 엄마랑 같이 책을 골랐다. 책 표지를 보자마자 마음에 드는 게 딱 있었다. 그래서 나는 1초도 고민하지 않고 바로 그 책을 골랐다. 그 책의 이름은 『로빈슨 크루소』였다. 책 표지에 로빈슨 크루소가 수염을 기른 모습으로 웃고 있는 게 마음에 들었다. 나는 얼른 책을 읽고 싶어서 엄마에게 얼른 집에 가자고 졸랐다. 엄마는 계산을 하고 나는 책을 가슴에 품은 채 계단을 빨리 뛰어 내려왔다.

 마무리하기

4 고친 문장을 함께 읽어보고 이야기 나눕니다.

쓰기2 풍부하게 쓰기

준비물 일기장이나 짧은 동화책, 연필, 원고지

2분 ·············· 준비하기 ··············

1 전에 썼던 일기장이나 동화책의 한 장면을 고릅니다.

> 그레텔은 헨젤에게 과자로 만든 집을 먹고 싶다고 말했다.
> 헨젤은 잠시 고민하다가 배가 고파서 그렇게 하자고 대답했다.
> 발밑에 낙엽이 뒹굴고 있었다.

8분 ·············· 따옴표 넣기 ··············

2 글쓰기 삼총사를 활용해서 고쳐봅니다. 먼저 따옴표를 넣습니다.

> 그레텔은 헨젤에게 말했다.
> "오빠, 저 과자로 만든 집을 먹고 싶어." (큰따옴표 쓰기)
> 헨젤은 잠시 고민했다.
> '저건 우리 것이 아닌데, 먹어도 될까. 주인이 알면 화내지 않을까. 하지만 너무 배가 고픈걸.' (작은따옴표 쓰기)
> 헨젤은 그레텔에게 말했다. 발밑에 낙엽이 뒹굴고 있었다.
> "그래, 우리 그렇게 하자." (큰따옴표 쓰기)

8분 ·············· 의성어·의태어 넣기 ··············

3 앞에서 수정한 글에 의성어와 의태어를 넣어줍니다.

> 그레텔은 헨젤에게 소곤소곤 말했다. (의성어 넣기)
> "오빠, 저 과자로 만든 집을 먹고 싶어."
> 헨젤은 잠시 고민했다.

'저건 우리 것이 아닌데, 먹어도 될까. 주인이 알면 화내지 않을까. 하지만 너무 배가 고픈걸.'
헨젤은 그레텔에게 말했다.
"그래, 우리 그렇게 하자."
발밑에서 낙엽이 바스락거리면서 뒹굴었다. (의성어 넣기)

 2분 ⋯⋯⋯⋯⋯⋯⋯⋯⋯⋯ **마무리하기** ⋯⋯⋯⋯⋯⋯⋯⋯⋯⋯

4 함께 읽고 원문과 바꾼 글의 차이에 대해 이야기 나눕니다.

 자세하게 쓰기와 풍부하게 쓰기를 충분히 연습한 다음에는 자세하면서도 풍부한 글을 써보도록 합니다. 전에 대충 썼던 글을 고쳐보면 쉽게 연습할 수 있습니다.

쓰기 3 | 자세하고 풍부하게 쓰기(1, 2단계)

준비물 전에 썼던 일기장이나 동화책, 원고지, 연필, 지우개 등

✦ 1단계: 자세하기 쓰기

1분 ·············· **준비하기** ··············

■ 고쳐야 할 글을 고릅니다.

> 오늘은 선생님이 학교에서 과자파티를 한다고 하셨다. 아침부터 아이들이 들떠 있었다. 나는 과자를 두 개 샀는데, 엄마가 모둠 애들하고 나눠 먹으라고 했다. 과자파티를 하면서 〈겨울왕국 2〉를 봤다. 재미있었다.

15분 ·············· **고쳐쓰기** ··············

② 육하원칙으로 자세하게 질문하세요. 한 문장씩 고쳐 씁니다.

> 오늘은 선생님이 과자파티를 한다고 말씀하셨다. (왜?)
>
> 아침부터 아이들이 들떠 있었다. (왜? 어디에서 있었던 일이지? 그래서 아이들은 무엇을 했어? 너는 그때 어떤 기분이었어? 그때 무슨 생각을 했니?)
>
> 나는 과자를 두 개 샀는데, 엄마가 모둠 애들하고 나눠 먹으라고 했다. (엄마가 왜 그런 말을 했지? 언제 샀지? 어디에서 샀지? 무슨 과자를 샀지? 왜 그 과자를 골랐지? 그래서 과자를 어떻게 했지?)
>
> 과자파티를 하면서 〈겨울왕국 2〉를 봤다. 재미있었다. (언제 영화를 봤어? 어디에서 본 거야? 누구랑 봤지? 누가 영화를 준비했어? 너는 무엇을 했어? 왜 재미있었어?)

완성하기

3분

3 고친 글을 모두 이어서 하나의 글로 완성합니다.

오늘은 선생님이 과자파티를 한다고 말씀하셨다. 우리가 지난번에 수학 단원평가를 잘 봤기 때문이다. 선생님은 우리 반 모두가 80점을 넘으면 과자파티를 하겠다고 하셨다.

아침부터 아이들이 들떠 있었다. 교실이 시끌벅적했다. 여기저기서 아이들이 과자를 만지작거리는 소리가 들렸다. 아이들이 과자봉지를 만지면서 웃고 있어서 나도 기분이 좋았다. 아, 빨리 과자파티를 하면 좋겠다고 생각했다.

어제 저녁에 집앞 마트에 가서 과자를 두 개 샀다. 조리퐁하고 새우깡이었다. 조리퐁은 내가 좋아하는 거고, 새우깡은 우리 모둠 애들이 좋아해서 그렇게 샀다. 엄마가 모둠 애들하고 나눠 먹으라고 일부러 큰 걸로 사줬다. 우리 모둠은 과자를 가져오면 다 같이 펴놓고 먹기로 했다.

선생님이 〈겨울왕국 2〉를 준비해 주셨다. 교실에서 불을 끄고 5교시에 다 같이 모여서 봤다. 선생님이 영화를 틀어주실 때 조용히 해야 한다고 해서 다들 조용조용 과자를 먹었다. 키득거리는 소리가 날 때마다 아이들이 눈치를 챘다. 입에 과자를 넣고 씹는 소리가 안 나게 아이들하고 내기를 하면서 과자를 먹었다. 그게 너무 재미있었다.

마무리하기

1분

4 원래 글과 바꾼 글을 비교하면서 느낀 점을 이야기 나눕니다.

✦ 2단계: 자세하고 풍부하게 쓰기

4분 ─────────────── 준비하기 ───────────────

1 1단계에서 자세하게 바꾼 글을 준비하고 글쓰기 삼총사를 넣을 부분을 함께 찾아보세요. 대화나 생각, 소리가 들렸거나 몸짓이 들어간 문장은 모두 글쓰기 삼총사가 들어갈 부분입니다.

13분 ─────────────── 고쳐쓰기 ───────────────

2 글쓰기 삼총사를 넣어 글을 고쳐봅니다.

3분 ─────────────── 마무리하기 ───────────────

3 원래 글과 바꾼 글을 비교하면서 느낀 점을 이야기 나눕니다.

> **원문:** 오늘은 선생님이 학교에서 과자파티를 한다고 하셨다. 아침부터 아이들이 들떠 있었다. 나는 과자를 두 개 샀는데, 엄마가 모둠 애들하고 나눠 먹으라고 했다. 과자파티를 하면서 〈겨울왕국 2〉를 봤다. 재미있었다.

자세하고 풍부하게 고쳐 쓴 글
"오늘은 과자파티 하는 날이야!"
선생님이 말씀하셨다.
"우리 반 모두가 수학 단원평가 80점 넘으면 과자파티 할 거야."
라고 선생님이 지난번에 이야기하셨기 때문이었다.
아침부터 아이들이 들떠 있었다. 교실이 웅성웅성 시끌벅적했다. 여기저기서 아이들이 과자를 만지작거리는 뽀시락 소리가 들렸다. 아이들이 과자봉지를 만지면서 웃고 있어서 나도 기분이 좋았다.

'아, 빨리 과자파티 하면 좋겠다.'
라고 수업 시간 내내 생각했다.
어제 저녁에 집앞 마트에 가서 과자를 두 개 샀다. 조리퐁하고 새우깡이었다. 조리
퐁은 내가 좋아하는 거고, 새우깡은 우리 모둠 애들이 좋아해서 그렇게 샀다.
"모둠 애들하고 같이 나눠 먹어."
엄마가 일부러 큰 걸로 사줬다.
"과자 사오면 우리 다 같이 펴놓고 먹는 거야."
우리 모둠은 전에 약속했다.
선생님이 〈겨울왕국 2〉를 준비해 주셨다. 교실에서 불을 끄고 5교시에 다 같이 모
여서 봤다.
"선생님이 영화 틀면 조용히 해야 해. 알았지?"
선생님이 몇 번 이야기하셔서 다들 조용조용 과자를 먹었다. 과자를 먹다가 키득거
리는 소리가 날 때마다 아이들이 눈치를 줬다. 와사삭 입에 과자를 넣고 씹는 소리
가 안 나게 아이들하고 과자를 먹었다. 왠지 스릴 있고 재미있었다.

포스트잇 여섯 장으로 독후감을 쓸 수 있다

"엄마, 독후감이 뭐지?"

작년 봄, 코로나19로 느닷없이 일상의 모든 평온함이 깨졌습니다. 학생들은 학교에 가지 못했고, 집에서 공부해야 했습니다. 저희 아이들도 마찬가지였습니다. 매일 온라인으로 수업을 듣거나 숙제를 제출해야 했습니다.

하루는 유진이가 독후감이 뭐냐고 물었습니다.

"독후감을 왜 몰라? 학교에서 쓰라고 하잖아."

"들어만 봤지, 써본 적은 없어. 근데 선생님이 이거 읽고 독후감 써서 온라인으로 제출하래."

유진이가 『도덕을 위한 철학통조림』이라는 두툼한 책을 보여주었습니다.

"그럼 독후감을 한 번도 안 써봤다는 거야?"

유진이는 힘차게 고개를 끄덕였습니다. 저는 그때까지만 해도 자녀들에게 글쓰기를 따로 가르쳐본 적이 한 번도 없었습니다. 중이 제 머리 못 깎는다고 말이지요. 그 일이 있고 나서 유진이에게 글쓰기를 가르쳤습니다. 유진이는 이제 독후감은 물론이고 어떤 글도 제법 잘 씁니다.

책을 아무리 많이 읽었어도 글을 안 써봤다면 독후감을 잘 쓸 수는 없습니다. 독서는 책 읽는 시늉이라도 낼 수 있지만, 글쓰기는 시늉을 할 수 있는 성질의 것이 아니기 때문입니다.

최근 학부모 대상 글쓰기 강연이 많았습니다. 전국은 물론이고 해외 한글학교 선생님들에게까지 글쓰기를 강의했습니다. 어디서든 가장 많이 물어보는 것은 독후감이었습니다.

뒤집어 생각해 보면 그만큼 독후감 쓰는 게 어렵다는 뜻입니다. 독후감은 일기와 함께 초등학생 글쓰기의 기본처럼 자주 다뤄지는 것이긴 해도 실제로는 가장 쓰기가 어려운 갈래입니다.

작가에게는 누구나 책에서 강조하는 핵심 주제가 있습니다. 사설처럼 눈에 잘 띄게 쓰는 글이 있는가 하면, 한두 문장으로 말하기 어려운 대하소설도 있습니다. 글이 길든 짧든 몇 번이고 곱씹어서 읽어야 내 생각과 지은이의 생각을 비교할 수 있습니다. 그래야 감동도 하고, 눈물도 흘리고 친구에게 소개할 수도 있습니다.

초등학생은 어지간히 좋아하는 책이 아니라면 대부분 한두 번 읽고는 끝입니다. 이런 식으로 가볍게 읽으면 독후감을 쓰고 싶어도 쓸 수가 없습니다. 독후감은 한 번 읽은 책으로 쓰면 안 되고, 열 번 스무 번 읽을 만큼 좋아하는 책으로 써야 합니다. 반대로 독후감을 써야 한다면 반드시 그 책을 열 번 스무 번 읽어야 하고요.

초등학생이 읽는 책은 대부분 작가가 주제를 눈에 잘 띄게 배치하는 편입니다. 책을 읽으면서 이 부분을 찾아내도록 지도하면 쓸거리가 많아집니다. 포스트잇 여섯 장으로 독후감 쓰기를 쉽게 가르쳐줄 수 있습니다.

책을 읽고 독후감을 쓰기까지의 모든 활동을 총 5단계로 나누었습니다. 각 활동마다 20분 안에 끝낼 수 있도록 구성했으니 아이와 함께 독후감을 써보시길 추천합니다.

쓰기 4 독후감 쓰기

준비물 포스트잇 6장(분홍 3장, 파랑 3장), 색색의 예쁜 띠지, 아이가 좋아하는 책,
연습장

✦ 1단계: 사전 준비

20분 ·· **책 읽기** ··

1 적어도 3번 이상 책을 읽어야 해요.

2 책에서 마음에 드는 장면이나 대화에 띠지를 붙입니다.

3 왜 그 자리에 띠지를 붙였는지 자세히 이야기 나누세요.

✦ 2단계: 책을 읽고 알게 된 것 쓰기

2분 ·· **준비하기** ··

1 분홍 포스트잇을 3장 늘어놓습니다.

2 책에서 띠지를 붙인 곳을 펼쳐둡니다.

3 포스트잇에 1부터 3까지 번호를 매깁니다.

1	2	3

4 1번 포스트잇에 책 표지만 보고 알 수 있는 것을 씁니다.

책의 저자, 출판사, 제목, 그림의 분위기 등

5 2번 포스트잇에 책을 읽은 기간과 동기를 씁니다.

며칠 동안 읽었나, 단숨에 읽었나, 엄마가 사다 줬나, 표지가 맘에 들었나, 선생님이 추천했나 등

6 3번 포스트잇에 줄거리를 간단하게 씁니다. 포스트잇이 크지 않기 때문에 꼭 써야 할 말 말고는 쓸 수 없습니다. 이때 말로 먼저 줄거리를 설명해 보게 한 뒤 쓰면 더 쉽습니다.

지우는 검은 그림자를 본다. 친구들은 그런 지우를 싫어한다. 지우는 우연히 만난 귀영의 도움으로 천년손이 고민해결사무소에 찾아간다. 신선인 천년손이, 구미호인 수아, 인간인 지우 셋이 재미있는 문제들을 해결하게 된다.

7 느낀 점을 이야기 나누고, 함께 정리합니다.

✦ 3단계: 책을 읽고 느낀 것 쓰기

(2분) ·········· 준비하기 ··········

1 파란 포스트잇을 3장 늘어놓으세요.

2 책에서 띠지를 붙인 곳을 펼쳐둡니다.

3 포스트잇에 4부터 6까지 번호를 매기세요.

4	5	6

(16분) ·········· 활동하기 ··········

4 4번 포스트잇에 주인공을 소개합니다.

　주인공의 성격, 행동, 특징, 생김새 등

5 띠지를 보면서 5번 포스트잇에 마음에 들었던 장면이나 대화 등을 씁니다.

　가장 재미있었던 장면, 가장 슬펐던 장면, 가장 웃겼던 장면 등

6 6번 포스트잇에 5번 포스트잇과 관련해서 느꼈던 점을 씁니다.

　가장 재미있었던 장면: 귀영이 지우에게 말을 거꾸로 할 때 재미있었다.

(2분) ·········· 정리하기 ··········

7 가장 강조하고 싶은 포스트잇은 어떤 것인지 골라봅니다.

8 느낀 점을 이야기 나누고, 함께 정리합니다.

✦ 4단계: 독후감 쓰기

🌟20분 ⋯⋯⋯⋯⋯⋯ 순서대로 독후감 쓰기 ⋯⋯⋯⋯⋯⋯

1 포스트잇을 보고 순서대로 연습장에 글을 씁니다.

2 강조해야 할 포스트잇은 내용을 더 자세하고 풍부하게 씁니다.

✦ 5단계: 글 다듬기

🌟3분 ⋯⋯⋯⋯⋯⋯⋯⋯ 준비하기 ⋯⋯⋯⋯⋯⋯⋯⋯

1 띠지, 포스트잇을 한번 더 살펴봅니다.

🌟15분 ⋯⋯⋯⋯⋯⋯⋯⋯ 활동하기 ⋯⋯⋯⋯⋯⋯⋯

2 4단계 글을 읽어보고 자세하게 써야 할 부분을 자세하게 썼는지 확인합니다.

3 뺄 부분은 없는지 확인합니다. 글의 주제와 벗어나는 부분은 과감하게 뺍니다.

🌟2분 ⋯⋯⋯⋯⋯⋯⋯⋯ 정리하기 ⋯⋯⋯⋯⋯⋯⋯⋯

4 소리 내서 독후감을 읽어봅니다. 느낀 점을 이야기 나누고, 정리합니다.

A4 한 장으로 끝내는
논술 쓰기

말과 글은 뿌리가 같습니다. 논술이 특히 그렇습니다. 내 주장을 근거를 들어서 말하면 토론이고, 글로 쓰면 논술입니다. 논술은 형식을 갖춰서 써야 하는 글이기 때문에 적절한 형식을 알고 있어야 하고, 논리적이고 설득력 있는 글이 되도록 적절한 근거를 댈 수 있어야 합니다.

초등학생은 평소 경험할 일이 많지 않기 때문에 토의와 토론을 같은 것으로 여기는 경우가 많습니다. 먼저 토의는 학급 어린이 회의 시간에 하는 것으로 하나의 주제를 놓고 이야기를 나눠서 해결책을 찾아가는 과정입니다. 이와 달리 토론은 나의 답이 이미 정해져 있고, 그 답이 옳다는 것을 상대에게 설득하기 위한 것입니다. 이 토론을 글로 정리하면 그게 논술이 됩니다.

그럼에도 논술은 다들 어렵게 생각합니다. 하지만 막상 가르치면 논술이 독후감보다 쓰기도 쉽고 지도하기도 쉽습니다. 독후감은 감상을 자유롭게 써야 하지만, 논술은 주장과 근거를 밝히는 식으로 형식을 갖추면 쓸 수 있기 때문입니다. 초등학생에게 논술을 가르칠 때도 정확한 형식을 익히고 논리적으로 전개하는 것에 초점을 두는 게 좋습니다.

초등 논술은 대학 입시 논술과 지도하는 목적이 다릅니다. 대학 입시에서 평가하는 논술은 기본적으로 논제를 이해하고 파악하는 능력부터 봅니다. 좀처럼 쉽게 찬반을 결론 내릴 수 없는 논제를 읽고 판단하고, 적절한 근거를 들어야 하기 때문에 풍부한 배경지식과 종합적 사고력이 요구됩니다.

초등 논술은 조금 다릅니다. 찬성과 반대가 비교적 명확하게 나뉘는 논제를 골라서 찬성 입장에서도 생각해 보고, 반대 입장에서도 생각해 본 다음 내가 정한 입장을 논리적으로 주장하면 됩니다. 초등 논술을 대학 논술처럼 어렵게 가르치면 아이들이 논술의 ㄴ만 들어도 질색을 하게 됩니다.

이번에 소개하는 'A4 한 장으로 끝내는 논술'은 4단계로 구성되어 있고, 각 단계마다 20분 동안 활동할 수 있습니다. 아이들이 논술 쓰기를 쉽고 재미있게 여기도록 도와주세요.

쓰기 5 논술 쓰기

준비물 A4 한 장, 타이머

✦ 1단계: 사전 준비

20분 .... **논제 찾기** ....

1 처음 논술을 써보는 학생은 사전 준비 단계를 여러 날 동안 해보세요.

2 논제가 무엇인지 알아봅니다. 기본적으로 논제는 찬성과 반대로 생각이 나뉘는 주제를 말합니다. 논제가 될 수 있는 문장과 아닌 문장부터 찾아봅니다.

- 초등학생이 스마트폰을 지나치게 많이 쓰면 안 된다.
→ 이 문장은 논제라고 할 수 없습니다. 초등학생이 스마트폰을 지나치게 많이 쓰면 안 된다는 주장이 이미 들어 있기 때문입니다.

- 초등학생이 이성친구를 사귀어도 된다.
→ 찬성과 반대로 나뉠 수 있습니다. 논제로 써도 되는 문장입니다.

- 방학숙제는 필요하다.
→ 방학숙제가 필요하다는 찬성 입장과 그렇지 않다는 반대 입장으로 나뉠 수 있습니다. 논제로 볼 수 있습니다.

- 심청이가 인당수에 몸을 던진 것은 바람직하다.
→ 심청이의 아버지를 걱정시켰기 때문에 바람직하다는 반대 입장과 아버지의 눈을 뜨기 위한 것이기 때문에 바람직하다는 찬성 입장으로 나눌 수 있습니다. 논제로 쓸 수 있습니다.

3 논제를 직접 만들어 봅니다.

- 교실에서 눈 나쁜 아이가 앞에 앉아야 한다.
- 선의의 거짓말은 정당하다.
- 학교는 필요하다.

✦ 2단계: 논술 쓰기 1

2분 ⋯⋯⋯⋯⋯⋯⋯⋯⋯ 준비하기 ⋯⋯⋯⋯⋯⋯⋯⋯⋯

1 A4 1장을 세로로 한 번 접습니다. 반으로 기다랗게 접은 A4 용지를 가로로 두 번 더 접습니다. 왼쪽에 세 칸, 오른쪽에 세 칸, 모두 여섯 칸입니다.

2 위에 큰 글씨로 논제와 원고 분량을 씁니다.

선의의 거짓말은 정당하다고 생각하는가(1,000자)

16분 ⋯⋯⋯⋯⋯⋯⋯⋯⋯ 활동하기 ⋯⋯⋯⋯⋯⋯⋯⋯⋯

3 왼쪽 칸에 찬성 의견을 짧게 씁니다. 이때 적어도 세 가지 이상 근거를 쓸 수 있어야 합니다.

- 선의의 거짓말은 듣는 이를 기분 좋게 만든다.
- 선의의 거짓말은 위험한 상황에서 사람을 살릴 수 있다.
- 선의의 거짓말은 듣는 이에게 희망을 줄 수 있다.

4 오른쪽 칸에 반대 의견을 짧게 씁니다. 마찬가지로 적어도 세 가지 이상 근거를 쓰게 하세요.

- 선의의 거짓말은 잠깐 좋을지 몰라도 결국은 진실을 알게 돼서 상처받을 것이다.
- 선의의 거짓말도 거짓말이다. 거짓말은 하지 않는 것이 좋다.
- 선의의 거짓말로 나쁜 결과가 올 수도 있다.

2분 ⋯⋯⋯⋯⋯⋯⋯⋯⋯ 정리하기 ⋯⋯⋯⋯⋯⋯⋯⋯⋯

5 느낀 점을 이야기 나누고, 함께 정리합니다.

✦ 3단계: 논술 쓰기 2

준비하기

1 2단계에서 쓴 찬성 근거를 소리 내서 천천히 읽어봅니다.

2 반대 근거도 소리 내서 천천히 읽어봅니다.

활동하기

3 찬성 근거를 적절한 예와 자료를 찾습니다.

- 선의의 거짓말은 듣는 이를 기분 좋게 만든다. 예를 들어서 얼굴이 못생긴 사람에게 예쁘다는 칭찬을 하면 기분이 좋아질 수 있다.
- 선의의 거짓말은 위험한 상황에서 사람을 살릴 수 있다. 세계 제2차대전 때 나치가 유대인을 잡으러 오자 거짓말을 해서 살려준 사람의 이야기인 〈쉰들러 리스트〉라는 영화가 있다. 이 영화는 실화다. 쉰들러는 거짓말을 해서 유대인들의 목숨을 구했다.
- 선의의 거짓말은 듣는 이에게 희망을 줄 수 있다. 오헨리가 쓴 『마지막 잎새』에는 많이 아파서 죽어가는 환자 수의 이야기가 나온다. 수는 잎새가 남아 있는 것을 보고 희망을 갖고 병이 낫게 된다. 이 잎새는 진짜가 아니었지만, 수에게 진짜 잎이라고 거짓말을 했다. 그 결과 수는 살아날 수 있었다.

4 반대를 쓸 때는 찬성의 근거를 반박하면서 쓰면 됩니다. 같은 식으로 반대 근거도 적절한 예와 자료를 찾습니다.

- 선의의 거짓말은 잠깐 좋을지 몰라도 결국은 진실을 알게 돼서 상처받을 것이다. 얼굴이 못생긴 사람에게 예쁘다는 칭찬을 해도 얼굴이 못생긴 사람의 자존감이 낮다면 결국 그 말을 받아들이지 않을 것이고, 오히려 기분 나쁘게 생각할 것이다. 상대와의 관계만 나빠진다.

- 선의의 거짓말도 거짓말이다. 거짓말은 하지 않는 것이 좋다. 거짓말은 어떤 경우에도 옳지 않기 때문이다.
- 선의의 거짓말로 나쁜 결과가 올 수도 있다. 자신이 죽을 병에 걸려서 곧 죽게 생긴 사람이 시간을 허투루 쓰다가 죽음을 맞게 된다면 너무나 안타까울 것이다.

1분 ⸽⸽⸽⸽⸽⸽⸽⸽⸽⸽⸽⸽ **정리하기** ⸽⸽⸽⸽⸽⸽⸽⸽⸽⸽⸽⸽

5 느낀 점을 가볍게 이야기 나누고, 함께 정리합니다.

✦ 4단계: 논술 쓰기 3

2분 ⸽⸽⸽⸽⸽⸽⸽⸽⸽⸽⸽⸽ **준비하기** ⸽⸽⸽⸽⸽⸽⸽⸽⸽⸽⸽⸽

1 3단계 글을 소리 내서 천천히 읽어봅니다.

2 찬성과 반대 중 마음에 드는 것을 논술로 작성합니다.

17분 ⸽⸽⸽⸽⸽⸽⸽⸽⸽⸽⸽⸽ **활동하기** ⸽⸽⸽⸽⸽⸽⸽⸽⸽⸽⸽⸽

3 찬성이나 반대 의견을 쭉 이어서 글을 완성합니다. 이때 한 칸이 한 문단이 되도록 글을 씁니다.

〈선의의 거짓말은 정당한가〉
선의의 거짓말은 정당하다고 생각한다. 선의의 거짓말이란 착한 뜻을 가지고 하는 거짓말이라는 뜻이다. 남을 일부러 속이는 거짓말이 아니라 내가 듣는 이를 위해서 하는 예의와 같은 것이다.
첫째, 선의의 거짓말은 듣는 이를 기분 좋게 만든다. 예를 들어서 얼굴이 못

생긴 사람에게 예쁘다는 칭찬을 하면 기분이 좋아질 수 있다.

둘째, 선의의 거짓말은 위험한 상황에서 사람을 살릴 수 있다. 세계 제2차대전 때 나치가 유대인을 잡으러 오자 거짓말을 해서 살려준 사람의 이야기인 〈쉰들러 리스트〉라는 영화가 있다. 이 영화는 실화다. 쉰들러는 거짓말을 해서 유대인들의 목숨을 구했다.

셋째, 선의의 거짓말은 듣는 이에게 희망을 줄 수 있다. 오헨리가 쓴 『마지막 잎새』에는 많이 아파서 죽어가는 환자 수의 이야기가 나온다. 수는 잎새가 남아 있는 것을 보고 희망을 갖고 병이 낫게 된다. 이 잎새는 진짜가 아니었지만, 수에게 진짜 잎이라고 거짓말을 했다. 그 결과 수는 살아날 수 있었다.

따라서 선의의 거짓말은 해도 된다 생각한다. 다른 사람을 속이기 위한 나쁜 의도가 아니라 남을 돕거나 목숨을 살리기 위한 것이라면 그것은 거짓말이 아니라 남을 위한 것이기 때문이다.

정리하기

4 완성한 글을 읽어보고 고칠 부분이 있는지 이야기 나눕니다.

PART 03

같은 시간을, 같은 장소에서, 같은 교사에게 배워도 어떤 아이는
더 잘 배웁니다. 잘 배우고 잘 익히는 아이에게는 쉽고 효율적인
학습 방법이 몸에 배어 있습니다. 학교에서 배우는 주요 과목을
각 특성에 맞게 효과적으로 공부할 수 있도록 도와주세요.

CHAPTER
5

문맥을 정확하게 이해하는
20분 국어 공부

모든 공부의 시작이자 뿌리, 국어

"선생님, 지수가 저한테 너는 그것도 못하냐고 놀렸어요."

"저는 그런 뜻으로 말한 게 아니에요. 억울해요."

지수와 재혁이가 한바탕 다투다가 저에게 왔습니다. 아이들은 누가 잘못했는지 선생님이 공정하게 판단해 달라고 했습니다. 알고 보니 지수가 재혁이에게 '그것은 못 해'라고 했는데, 재혁이는 '그것 도 못 해?'라고 이해했기 때문에 벌어진 일이었습니다.

우리말은 한 끗 차이라고 합니다. "아 다르고 어 다르다"라고도 하죠. 이 눈곱만큼의 차이, 사소하고도 미묘한 차이는 지수와 재혁 이처럼 싸움의 원인이 되기도 하고, 천 냥 빚을 갚아주기도 합니다. 이처럼 언어는 인간의 의사소통에 결정적인 역할을 할 뿐 아니라 상대의 의도를 파악하고 상황을 이해하게 해줍니다.

언어를 사용하는 능력은 무엇보다 인간이 배우고 익히는 모든 학문을 이해하는 기반입니다.

초등학생이 배우는 교과서는 핵심 개념을 대부분 짧은 문장과 삽화로 설명합니다. 예를 들어 초등학교 3학년 2학기 사회 과목 시간에는 온돌에 대해 배웁니다. 이때 사회 교과서는 온돌을 짧은 문장으로 설명하고, 온돌 구조를 보여주는 삽화로 학생들의 이해를 돕습니다. 초등 교과서의 기본 구조이죠.

여기서 핵심적으로 다루는 개념은 '온돌'입니다. 이때 온돌이라는 단어만 알면 안 됩니다. 아궁이에 불을 피우면 뜨거워진 공기가 돌 아래로 흘러가고, 이 데워지는 부위를 구들장이라고 부른다는 것까지 모두 이해해야 합니다.

온돌, 구들장, 아궁이 같은 낯선 어휘를 이해하고, 온돌의 원리를 설명한 문장을 명확하게 이해해야 교과서에서 배우는 핵심 개념을 내 것으로 만들 수 있습니다. 이렇게 문장을 깊이 이해하는 독해력이 교과 공부의 바탕이 되는 것입니다.

아이들이 평소에 사용하지 않는 아궁이, 구들장, 온돌 같은 단어들은 교과서에서 주로 쓰는 학습 용어입니다. 공부는 이런 학습 용어와 핵심 개념을 얼마나 잘 이해하느냐에 따라 성패가 갈립니다. 개념을 이해한다는 것은 곧 개념을 나타내는 단어를 이해한다는 뜻이기도 합니다.

똑같은 글을 읽어도 언어 사용 능력에 따라서 글쓴이의 의도를 파악하고 핵심을 이해하는 정도가 다릅니다. 국어를 잘하면 그만큼 다른 과목에서도 공부 속도가 빨라지고, 학습 능력도 좋아집니다. 반대로 국어는 내버려 둔 상태로 다른 교과만 공부하면 성적이 잘 안 올라갑니다.

모든 과목의 성적을 올려주는 독해력 공부

일전에 수학 성적이 매우 부진한 학생에게 수학을 따로 가르쳤던 적이 있습니다. 좀처럼 점수가 오르지 않아 아이도 저도 힘들던 차에 아이가 문장을 잘 이해하지 못한다는 것에 시선을 돌리게 됐습니다. 글을 읽고 요약하는 독해력 훈련을 병행했더니, 꿈쩍 않던 점수가 눈에 띄게 오르기 시작했습니다. 나중엔 본인이 수학을 못 했다는 사실을 까맣게 잊을 만큼 잘하게 되었습니다.

수학은 겉으로는 숫자와 식으로만 이루어진 것 같아도 사실은 수학적인 언어를 이해하는 과목입니다. 언어를 이해하고 사용하는 능력이 좋아지면 수학적인 문장(문제)을 이해하고 풀이하는 능력도 함께 좋아지게 됩니다. 국어와 가장 거리가 멀어 보이는 수학이 이럴진대 다른 과목은 더 말할 게 없습니다.

국어도 다른 교과처럼 체계를 잡아서 차근차근 공부하면 좋습니다. 수학이나 사회를 공부하듯이 한 단계씩 밟아가면 됩니다. 국어는 당장 실력이 눈에 띄게 향상되진 않지만, 공들여 노력했을 때 다른 교과로 파급하는 효과가 가장 큰 과목입니다. 국어 공부의 기본 원리를 생각하면서 다른 교과를 공부하면 국어도 함께 공부하는 셈이니, 잘만 하면 두 배 세 배의 효과를 거둘 수 있는 것입니다.

그렇다면 국어 공부는 어떻게 해야 할까요? 먼저 다양하고 좋은 읽기 자료를 꾸준히 읽어서 풍부한 어휘력을 갖추어야 합니다. 책과 양질의 읽기 자료를 구해서 꾸준히 읽으며 어휘력을 잡아주면 문장을 이해하는 능력도 서서히 올라갑니다.

문장 이해력을 높이기 위해서는 짧은 문장부터 시작해서 점점 여러 문장으로 나아가는 게 좋습니다. 짧은 문장을 읽고 이해하는 능력이 좋아지면 문단을 읽고 이해하는 독해를 할 수 있게 됩니다.

글을 읽고 요약하는 것은 독해력을 기르는 가장 좋은 방법입니다. 한 문단을 한 문장으로 요약할 정도로 독해력을 기른 뒤에는 1,000자 넘는 글도 술술 읽게 됩니다. 긴 글을 읽기 쉬워지면 독해 속도가 비약적으로 빨라졌다는 것을 학생 자신이 먼저 느끼게 됩니다. 더 많은 글을 읽고 더 많이 독해하니 자연스럽게 공부에서 거두는 성과도 많아집니다. 이렇게 선순환이 시작되죠.

어휘를 익히는
세 가지 방법

몇 년 전에 중학교 선생님들과 수업과 관련한 이야기를 나눈 일이 있습니다. 선생님들이 입을 모아 하신 말씀이 "아이들이 단어를 몰라도 너무 몰라요. 무슨 말인지 모르니까 교과서 진도를 나갈 수가 없어요." 였습니다.

교과서는 전국 모든 학생이 쓰는 표준 교재입니다. 교과서를 발행하는 출판사는 다를지 몰라도 다루는 주제와 내용은 같습니다. 교과서를 일부 최상위권 학생들만 이해할 만큼 어렵게 만들지는 않습니다. 교과서 단어들을 모른다는 것은 그만큼 학생이 평균적인 수업에 못 따라가고 있다는 것입니다.

국어는 모국어이고, 영어와 달리 일상적으로 쓰는 말입니다. 한글은 아무리 우매한 자도 열흘이면 배울 수 있다고 한글 사용 설명서인 『훈민정음해례본』에서 당당하게 밝힐 만큼 익히기 쉬운 글자입니다.

객관적인 평가를 하지 않는 이상, 우리의 일상적인 생활환경에서는 성인이든 아이든 국어 실력이 잘 드러나지 않습니다. 가정에서는 일상 용어로 소통하고 초등학교에선 시험이 없기 때문에 아이의 국어 실력은 시간이 한참 흐른 뒤에야 문제가 드러납니다. 중학교 선생님들이 단어를 모르는 아이들로 애먹는 것도 그래서입니다.

어휘는 모든 공부의 기본입니다. 글을 정확하고 빠르게 읽는 데 가장 기초가 되는 것이 어휘이기 때문입니다. 시험은 한정된 시간에 독해력을 평가해야 하니, 긴 지문을 누가 정확하고 빠르게 읽는지 볼 수밖에 없습니다. 수능 국어 영역 지문이 짧을래야 짧을 수 없는 이유죠.

같은 글을 두고 어떤 아이는 한참을 붙들고 있는데 어떤 아이는 빠르게 읽습니다. 글에서 모르는 어휘가 많을수록 독해 속도가 느려집니다. 독해 속도가 느리면 문제 풀 시간이 부족해지고, 시간이 부족하면 점수는 안 나옵니다. 반대로 읽는 속도는 빠른데 대충 읽는다면 마찬가지로 점수가 잘 안 나옵니다.

독해력을 최대한으로 끌어올리기 위해서는, 무엇보다 정확하고 빠르게 읽는 훈련을 꾸준히 하는 게 중요합니다. 글은 읽으면 읽을수록 속도가 빨라지기 때문에 초등학생 때는 뜻을 정확하게 파악하고 이해하는 것에 초점을 두어서 지도하면 됩니다.

어휘가 독해 속도를 좌우한다

저는 가끔 고등학교 2학년인 큰딸 성연이의 모의고사 국어 문제를 풉니다. 요즘 아이들이 보는 모의고사 국어 영역에서는 지문에 천문학부터 지리, 경제, 세계사, 철학까지 폭넓은 분야에서 문제가 나옵니다. 태어나서 처음 보는 단어들도 많아서 가끔은 무슨 말인지 한 번에 이해하기 힘든 지문도 있습니다. 예를 들면 이런 식입니다.

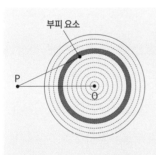

구는 무한히 작은 부피요소들로 이루어져 있다. 그 부피요소들이 빈틈없이 한 겹으로 배열되어 구 껍질을 이루고, 그런 구 껍질들이 구의 중심 O의 주위에 반지름을 달리하며 양파처럼 겹겹이 싸여 구를 이룬다. 이때 부피요소는 그것의 부피와 밀도를 곱한 값을 질량으로 갖는 질점으로 볼 수 있다. … (중략)

– 2020 수능 국어 영역 2번 문제 중 일부 발췌

이건 길고 긴 지문에서 고작 한 문단입니다. 이 지문에서 부피요소, 구 껍질, 질량, 질점 등은 전문가들이 쓰는 용어입니다. 이밖에도 시험 문제에 등장하는 전문 용어들은 너무 많아서 열거하기도 어려울 정도입니다.

이런 용어들을 모두 외워야 할까요? 당연히 외우지도 못하고, 외우는 것도 별 쓸모가 없습니다. 어디서 어떤 용어가 나올지는 누구도 모르니까요. 실제로 어휘 때문에 독해 속도가 느리다는 걸 깨닫고 어휘 문제집을 풀기 시작하면 이미 늦습니다. 점수로 연결되기 어렵죠.

전문 용어는 해당 분야의 전문가들이나 잘 아는 말이지, 평범한 일반인에게는 난해합니다. 독서를 많이 한 아이나 적게 한 아이나 어렵긴 마찬가지입니다. 다만, 독서를 많이 해온 아이라면 모르는 어휘가 있어도 핵심을 찾아가는 힘이 좋아서 같은 상황에서도 독서를 안 한 아이보다 덜 헤맵니다.

책을 많이 읽은 아이라면 이런 장점을 살릴 수 있도록 다양한 분야의 글을 읽고 핵심을 파악하는 연습을 하면서 모르는 어휘를 줄여가는 게 좋습니다. 혹시라도 책을 안 읽은 아이라면 지금부터라도 부지런히 읽어서 아는 어휘를 최대한 늘려가야겠죠.

어휘, 어떻게 공부할까?

여기에서는 어휘를 효과적으로 공부하는 세 가지 방법을 소개합니다.

1 _ 신문과 잡지 읽기

어휘를 공부하는 가장 좋은 방법은 양질의 읽기 자료를 꾸준히 읽는 것입니다. 어휘를 기르는 데에는 동화책뿐만 아니라 신문과 잡지도 좋습니다. 어릴 때부터 신문이나 잡지만 꾸준히 읽어도 다양한 분야의 좋은 글을 두루 경험할 수 있습니다. 특히 학자와 전문가들이 쓰는 칼럼은 대중을 대상으로 하는 만큼 읽기 쉽고, 문장도 깔끔합니다. 이런 글은 아이와 같이 읽은 뒤 핵심 문장을 찾고 요약하는 훈련을 하기에 좋습니다.

2 _ 아이가 좋아할 만한 주제를 다룬 글 읽고 어휘 확장하기

아이가 흥미 있는 주제를 다룬 글을 함께 읽어보세요. 바이러스, AI, 드론, 로봇, 이상기후, 희귀 동·식물, 전설과 신화 등은 아이들이 좋아하는 주제입니다. 이런 주제를 다룬 신문 기사나 잡지, 책 등을 찾아서 읽고 이야기 나누세요. 이때 아이가 모르는 어휘는 가볍게 짚어주고 알게 된 어휘로 사전을 만들어본다거나 비슷한 말과 반대말을 찾아보기, 배운 어휘를 넣어서 짧은 글짓기 등을 해보면 좋습니다. 이런 방법들은 어휘를 확장하는 아주 좋은 학습법입니다.

3 _ 관용 표현이나 한자어 익히기

아이가 어려워하는 어휘는 대부분 관용적인 표현이거나 한자어입니다. 속담이나 관용 표현은 비유와 상징, 속뜻을 이해하는 것이

므로, 추론을 할 수 있는 사고력이 갖춰지면 자연스럽게 깨닫게 됩니다. 이런 표현은 맥락적인 읽기에 해당하여 책을 많이 읽으면 자연스럽게 해결됩니다.

한자어는 글자마다 뜻이 있습니다. 우리말의 70퍼센트 이상이 한자어이기 때문에, 이런 부분을 이해하면 처음 보는 단어여도 한자가 같으면 비슷한 뜻을 가진다는 것을 짐작할 수 있습니다. 예를 들면 고기압, 저기압, 기압골 모두 기압이란 단어를 공통으로 갖고 있습니다. 기압(氣壓)은 공기가 누르는 힘을 뜻합니다. 압(壓)은 다시 압력, 압박, 강압 등의 한자어로 이어지게 되고요.

한자를 외우지 못해도 괜찮습니다. 한자의 뜻을 하나씩 풀어서 설명해 주면 아이가 더 많은 어휘를 자연스럽게 파생시키고 확장시켜서 이해할 수 있게 됩니다. 비슷한 말과 반대말 등을 찾아보게 하는 학습법은 여기서도 매우 유용합니다. 이런 지도를 위해서 아이 옆에 국어사전을 두면 편하겠지요.

아이의 어휘력을 비약적으로 향상시켜 주는 최고의 방법은 글쓰기입니다. 머리로 아는 어휘가 글에서는 어떤 식으로 쓰이는지 직접 활용해 보고 응용할 수 있으니까요. 짧은 글이라도 꾸준히 써 본다면 글쓰기 실력은 물론이고 어휘력 향상이라는 멋진 열매를 함께 거둘 수 있습니다.

국어1 어휘력 늘리기

준비물 신문이나 잡지 등에서 발췌한 글, 공책 등

2분 ·········· 준비하기 ··········

1 공부할 내용을 미리 설명해 줍니다.

그림이 보여주는 역사적인 사건을 알아보자, 별자리에 얽힌 흥미로운 전설을 찾아보자 등

2 구체적인 목표를 세워봅니다.

오늘은 모르는 단어 다섯 개만 알아볼 거야, 알게 된 단어로 짧은 글짓기를 해볼 거야 등

13분 ·········· 활동하기 ··········

3 아이가 흥미 있어 할 만한 주제의 글을 함께 읽습니다. 처음에는 어떤 내용인지 이해하는 정도로만 훑어서 읽습니다.

〈나폴레옹 1세의 대관식〉(Le Sacre de Napoléon)은 다비드가 1805년부터 1807년까지 제작한 그림이다. 루브르 박물관 소장. 나폴레옹은 제정(帝政)의 영광을 기념하기 위하여 네 개의 초대작(超大作)을 명했는데, 다비드는 〈생 드 마르스에서의 군기 수여식〉과 이 〈대관식〉을 완성시켰다. 의식은 1804년 12월에 파리의 노트르담 사원에서 거행되었고, 로마에서 교황 비오 7세가 초청되었다. 황제는 월계관을 쓰고 앞으로 나와서 꿇어앉은 황후 조제핀에게 바야흐로 왕관을 주고 있다. 가운데 깊숙이 들어간 높은 곳에는 황제의 모친이 그려져 있고, 한 단 낮게 장군과 고관들이 줄지어 있는데 좌우에 줄지은 수많은 인물도 정확한 초상으로서 그려져 있다.

출처: 위키피디아

4 모르는 단어에 연필로 동그라미를 칩니다.

대관식, 제정, 초대작, 교황, 사원, 황제, 모친, 고관, 초상 등

5 단어의 뜻을 설명합니다. 다른 단어와 연계해서 설명하면 좋습니다.

지우: 대관식이 무슨 뜻인지 모르겠어.

아빠: 지우야, 이 그림을 자세하게 볼래? 이게 뭐 하는 장면 같아?

지우: 왕관을 씌워주고 있는 것 같아.

아빠: 그래. 이렇게 왕관을 씌워주는 것을 대관식이라고 해.(설명하기) 이 그림은 사람들 앞에서 나폴레옹이 왕이 되었다고 교황이 선포하는 거야. 선포는 사람들에게 알려준다는 뜻이야.(다른 단어와 연계하기)

6 이해한 내용을 글로 써서 정리합니다.

대관식 – 사람들 앞에서 왕관을 씌워주는 예식

7 같은 방법으로 모르는 단어들을 하나씩 차분하게 설명합니다.

5분 ···················· **정리하기** ····················

8 단어 중 하나를 골라서 아이와 함께 공책에 짧은 글짓기를 합니다.

아빠가 쓴 글: 나폴레옹이 대관식을 마친 뒤, 조세핀에게도 대관식을 이어서 진행했다. 많은 사람이 환호했다.

지우가 쓴 글: 엘사가 대관식에서 왕관을 썼다. "언니, 축하해!" 안나가 박수를 치면서 좋아했다.

9 글을 바꿔서 읽고, 느낀 점을 이야기 나눕니다.

짧은 문장에서 긴 문장으로, 독해력 길러주기

독해는 아이의 연령과 상관없이 낱말을 아는 데서 시작합니다. 아이가 어휘를 학습하는 원리는 평소 자주 듣고 사용해서 아는 어휘에서 시작해서 경험해 보지 않은 어휘들을 새롭게 익혀가는 방식입니다. 일상 용어로 시작해 교과서에서 자주 등장하는 학습 용어를 배우면서 어휘가 조금씩 확장되고, 그 밖에 일상에서는 쓰지 않지만 책에서 반복적으로 보는 어휘들을 보태서 가지치기를 점점 해나갑니다.

이때 어휘를 가르치는 데에는 두 가지 방법이 있습니다. 하나는 교사나 부모가 가르치는 직접 방법이고, 나머지 하나는 책을 읽고 자연스럽게 알게 되는 간접 방법입니다. 가정에서 어휘를 직접 가르칠 때는 아이가 좋아하는 분야의 글을 같이 읽으면서 하루에 20분 정도씩 꾸준하게 어휘를 익히도록 도와주면 좋습니다.

다음은 문장 이해입니다. 처음엔 아이가 짧은 문장을 읽고 이해하는 것을 확인해서 지도하고, 그 다음은 여러 문장으로 된 긴 글로 넘어갑니다. 짧은 문장을 독해하지 못하는 아이가 긴 문장을 공부하는 것은 불가능합니다. 짧은 문장을 읽고 어느 정도로 이해하는지 곁에서 확인하면서 짚어주시는 게 좋습니다. 읽기 교과서나 사회 교과서에 나오는 짧은 문장을 골라서 뜻을 이해했는지 확인하는 식으로 지도하세요.

예시　　**문장: "마을 사람들 사이에 팽팽한 긴장감이 흘렀습니다."**

- 질문 1: 긴장감이란 어떤 느낌일까?
- 질문 2: 사람들 사이에 긴장감이 흐른다는 것은 무슨 뜻일까?
- 질문 3: 이 문장은 어떤 상황을 나타내는 걸까?
- 질문 4: 어렵게 느껴지는 단어는 무엇이니?
- 질문 5: 어렵게 느껴지는 단어를 넣어서 다른 문장으로 바꿔보면?

짧은 문장 독해에 익숙해지면 다음에는 여러 개의 문장으로 넘어갑니다. 여러 문장으로 된 짧은 글을 읽으면서 무슨 이야기를 하는 것인지 요약해 보게 합니다. 글을 읽고 핵심 내용을 문단별로 요약하는 훈련은 독해력을 가장 빠르게 향상시키는 최고의 방법입니다.

모든 글에는 글쓴이가 말하고자 하는 의도, 주제, 핵심 생각이 들어 있습니다. 이 핵심을 독자가 얼마나 잘 이해하고 파악하느냐를 보는 것이 국어 시험이고 독해력 테스트입니다. 요약하기 훈련만 꾸준히 해도 독해력 때문에 걱정할 일은 없습니다. 좋은 읽기 자료가 많으면 좋겠지만, 없어도 괜찮습니다. 아이가 읽는 책의 한 부분을 골라서 연습하면 됩니다.

독해력을 기르는 3단계 학습법

글의 내용을 잘 이해하기 위해서는 '질문하기, 핵심 부분 찾아보기, 글을 요약하기' 3단계로 지도하세요.

> 밤이슬이 축축하게 내려앉은 벌판은 고요했다. 천년손이와 지우, 강길, 수아는 다시 투명 가림막 뒤에 앉았다. 지우가 물었다.
> "혼쥐가 정말 다시 올까요?"
> 천년손이는 말없이 고개를 끄덕였다. 네 사람은 다시 어둠 속에서 한참을 앉아 있었다. 멀리서 하얀 빛이 깜빡거렸다. 혼쥐가 내는 빛이었다. 혼쥐가 개울을 건너지 못하고 뱅뱅 맴돌자 강길이 붉은 용을 불러내 이번에도 다리를 놓아주었다. 혼쥐는 다시 쪼르르 달려와 모형 항공기가 쌓인 곳에서 머뭇거렸다. 그때 기다렸다는 듯 둔갑쥐가 하수구에서 모습을 드러냈다.
> 김성효, 『천년손이 고민해결사무소 2』, 해냄, 2021, 203쪽

1단계: 질문하기

1) 이 일이 벌어지는 곳은 어디일까?

2) 이 글의 주인공은 누구일까?

3) 이 글에서 천년손이, 지우 등은 왜 혼쥐를 기다리고 있었을까?

4) 강길은 왜 붉은 용을 불러냈을까?

5) 둔갑쥐는 왜 혼쥐를 기다리고 있었을까?

2단계: 핵심 파악하기

1) 이 글에서 가장 중요한 단어에 동그라미 쳐볼까?

2) 이 글에서 가장 중요하다고 생각하는 문장에 밑줄을 쳐볼까?

3) 이 글은 어떤 장면을 보여주는 걸까?

3단계: 요약하기

1) 방금 읽은 이야기가 무슨 이야기인지 이해한 대로 말해보렴.

2) 동그라미 친 단어가 꼭 들어가게 말로 요약해 보렴.

3) 밑줄 친 문장의 의미를 생각하면서 글을 요약해 보렴.

4) 동그라미 친 단어와 밑줄 친 문장에 주의하면서 글의 내용을
   정리해 보렴.

5) 방금 나눈 이야기를 짧은 글로 써볼까?

독해력을 기르는 또 다른 좋은 방법은 글을 직접 써보는 것입니다. 글을 꾸준히 쓰면 읽는 사람의 눈이 아니라 쓰는 사람의 눈으로 읽게 됩니다. 독자의 입장이 아닌 작가의 입장에서 읽기 때문에 글 쓴이가 하려는 말이 무엇인지 더욱 선명하고 명확하게 들어오지요.

초등학생은 핵심 내용을 파악하고, 파악한 내용을 다시 내 문장으로 바꿔서 표현하는 데에 초점을 두고 지도하는 게 좋습니다. 아이 스스로 문장을 구성하고, 하고 싶은 말을 글로 써보는 과정에서 논리적인 사고력이 자연스럽게 길러집니다. 논리적인 사고력이 길러지면 글을 읽고 파악하는 능력은 더욱 향상됩니다. 제대로 된 글쓰기가 평범한 독서보다 효과가 몇 배는 더 큰 것입니다.

다만 이런 사고력은 하루아침에 길러지는 것이 아니기 때문에, 꾸준히 글을 쓰면서 다양한 갈래의 글쓰기에 도전해 보는 것이 가장 중요합니다.

국어2 한 문장으로 요약하기

준비물 신문이나 잡지 등에서 발췌한 글, 공책 등

2분 ········· 준비하기 ·········

❶ 무엇을 공부할지 함께 정합니다.

오늘은 글을 읽고 한 문장으로 요약해 보자.

13분 ········· 활동하기 ·········

❷ 아이가 관심 있는 주제를 다룬 신문이나 잡지 등의 읽기 자료를 함께 읽습니다. 처음엔 무슨 내용인지 대충 빠르게 훑어 읽습니다.

4월 27일은 보름달이 뜨는 날 중에서도 달이 지구와 가장 가까운 거리에 있는 날로 '슈퍼문'을 볼 수 있는 날이다. 이날 슈퍼문은 올해 뜨는 달 중에서 가장 큰 달이 될 것으로 예상된다.

국립중앙과학관은 4월 과학의 달을 맞아 올해 가장 큰 보름달이 뜨는 4월 27일 '슈퍼문' 실시간 관측 행사를 생중계한다고 25일 밝혔다.

달의 공전 궤도는 타원 궤도다. 지구에 가까워졌다 멀어졌다를 반복하게 되는데 슈퍼문은 지구와 달 사이가 가장 가까워질 때 볼 수 있다. 4월 27일은 슈퍼문을 볼 수 있는 날이다.

중앙과학관은 27일 오후 8시 30분부터 과학관 유튜브 채널인 과학관TV를 통해 실시간으로 이번 행사를 생중계한다. 과학 토크, 체험 프로그램, 보름달 관측 순으로 진행된다. (중략)

－"27일, 올 가장 큰 보름달 '슈퍼문' 뜬다… 국립중앙과학관 생중계",
2021.04.05.《동아사이언스》기사 발췌

❸ 모르는 단어를 연필로 동그라미 칩니다. 간단하게 단어를 설명합니다.

관측, 궤도, 생중계, 타원, 슈퍼문 등

4 한 번 더 읽고 나서 글의 중요 내용을 육하원칙으로 정리합니다.

아빠: 지우야, 기사를 한 번 더 읽어볼래?

지우: (빠르게 읽는다)

아빠: 이 기사가 말하려는 게 무엇일까?

지우: 슈퍼문이 뜬다는 것을 말하는 것 같아.

아빠: 슈퍼문은 무엇을 말하는 걸까?

지우: 다른 때보다 훨씬 큰 달이야.

아빠: 슈퍼문이 언제 뜬다고 했어?

지우: 4월 27일에 뜬다고 했어.

아빠: 왜 그때 슈퍼문이 뜨는 걸까?

지우: 달이 공전 궤도가 타원 궤도라서 지구에서 멀어졌다가 가까워졌다 하는데, 슈퍼문은 지구와 달 사이가 가장 가까워질 때 볼 수 있대.

아빠: 우리는 슈퍼문을 어디에서 볼 수 있을까?

지우: 유튜브로도 볼 수 있고, 직접 볼 수도 있어.

5분 .... **정리하기** ....

5 읽은 글의 중요 내용을 요약해 봅니다. 이때 꼭 필요하다고 생각하는 단어에만 빨간 동그라미를 치고, 동그라미 친 단어를 모두 들어가도록 문장을 만들면 쉽습니다. 글로 쓰기 어려우면 말로만 해도 괜찮습니다.

1단계 세 문장으로 요약하기: 달은 타원 궤도로 공전한다. 지구와 달이 가장 가까워졌을 때 슈퍼문을 볼 수 있다. 4월 27일은 슈퍼문을 볼 수 있는 때이다.

2단계 두 문장으로 요약하기: 지구와 달이 가장 가까워지는 때 슈퍼문이 뜬다. 4월 27일에 슈퍼문을 볼 수 있다.

3단계 한 문장으로 요약하기: 4월 27일에 달이 가장 크게 보이는 슈퍼문이 뜬다.

6 느낀 점을 이야기 나눕니다.

국어 3 글에 제목 붙이기

제목은 글의 핵심을 담은 최고의 문장입니다. 글쓰기에서는 화룡점정과 같지요.
제목 붙이기는 글을 읽고 핵심을 파악하는 훈련을 하는 데에도 매우 유용합니다.
글을 짧은 문장으로 요약하는 최고의 훈련이라고도 할 수 있습니다. 아이가 글을
읽고 제목을 어떻게 붙이는지 유심히 살펴보세요. 아이가 글의 핵심을 이해하는
지, 아닌지도 쉽게 알 수 있습니다.

준비물 신문이나 잡지 등에서 발췌한 글, 아이가 좋아하는 동화책, 공책 등

2분 ······················· **준비하기** ·······················

1 무엇을 공부할지 함께 정합니다.

   오늘은 글을 읽고 제목을 붙여보자, 오늘은 글의 제목을 고쳐보자 등

15분 ······················· **활동하기** ·······················

3 아이가 관심 있는 주제를 다룬 신문이나 잡지 등의 읽기 자료를 함께 읽습
니다.

4 무슨 내용인지 핵심을 찾아봅니다.

5 읽은 이야기를 한 문장으로 나타냅니다.

6 원래 제목과 같은지 비교해 봅니다.

7 글쓴이가 왜 그런 제목을 붙였을지 이야기 나눕니다.

8 제목을 바꾼다면 어떻게 바꾸고 싶은지 이야기 나눕니다.

3분 ······················· **정리하기** ·······················

9 느낀 점을 이야기 나눕니다.

어떻게,
얼마나 읽어야 할까?

EBS 〈당신의 문해력〉에서 전국 중학교 3학년 2,400명을 대상으로 문해력을 테스트했습니다. 그 결과, 27퍼센트의 학생이 또래 수준보다 문해력이 떨어졌고, 11퍼센트의 학생이 초등학생 수준으로 독해를 하고 있었습니다. 무려 40퍼센트에 가까운 학생이 문해력이 떨어져서 공부할 때 고생한다는 뜻입니다.

여기서 한 가지 주의할 점이 있습니다. 글을 읽고 이해하는 능력을 테스트할 때는 우리가 흔히 아는 것처럼 소설이나 시를 읽고 이해하는 능력만 테스트하지 않습니다. 그래프나 통계 자료를 읽고 이해하는 능력, 계산서나 회계 자료를 읽고 이해하는 능력, 영수증을 보고 역산해서 비용을 계산하는 능력까지 모두 포함합니다. 우리가 일상에서 사용하는 거의 모든 언어적인 표현을 이해하고 파악하는 능력을 측정하는 것입니다.

앞서 학교 시험을 볼 때 필요한 독해력은 속도와 정확성에 핵심이 있다고 이야기했습니다. 빠르게 읽고 정확하게 이해하려면 읽기 이해력과 낭독 유창성이 바탕이 돼야 합니다. 다양한 분야의 글을 읽고 이해하는 능력을 키워가는 것처럼, 아이 스스로 다양한 텍스트를 소리 내서 매끄럽게 읽을 때까지 연습해야 낭독 유창성을 키울 수 있습니다. 어떤 생소한 글을 줘도 매끄럽게 읽을 수 있을 때까지 소리 내서 책을 읽는 게 좋습니다.

수업 시간에 책을 읽혀보면 독서를 많이 한 아이들은 대체로 발음이 정확한 편이었습니다. 책을 많이 읽으면서 문자언어를 음성언어로 바꿔서 입력하는 과정을 꾸준히 해왔기 때문에 자연스럽게 터득한 것이지요. 소리 내서 읽으면 글의 내용을 더 잘 이해할 수 있게 되고, 낭독 유창성은 더욱 좋아집니다. 아이가 아직 더듬거리면서 책을 읽는다면 독해력을 올리기 위해서라도 반드시 소리 내서 읽는 낭독을 해야 합니다.

낭독할 때 발음은 정확하고 분명해야 합니다. 끝을 흐리거나 얼버무리면서 웅얼거리는 습관은 교정해 주는 게 좋습니다. 부모가 먼저 시범 독을 들려주고, 아이가 읽을 때 틀리거나 부정확한 발음을 부드럽고 친절하게 피드백해 주세요. 이런 식으로 정확한 발음을 익혀두면 나중에 중·고등학교에서 문법을 배울 때 '아, 이런 원리로 이런 식으로 발음하는 거구나' 하고 거꾸로 대입해서 이해하게 됩니다.

문장부호를 기준으로 끊어야 할 곳에선 끊고 이어야 할 곳에선 부드럽게 이어서 읽는 식으로 연습하게 하세요. 읽기 교과서처럼 명확한 문장으로 구성된 텍스트를 골라서 꾸준히 소리 내어 읽는 게 좋습니다.

꾸준히 읽어야 잘 읽을 수 있다

글을 읽는 능력은 말하고 듣는 능력처럼 갖고 태어나는 능력이 아닙니다. 글자를 읽기 위해서는 시각, 청각, 분석력, 종합적 사고력, 논리적 사고력 등 모든 뇌의 영역이 거의 풀가동되어야 합니다. '읽는 뇌'도 노력해서 만드는 것인 만큼 독해력도 꾸준히 연습해야 얻을 수 있습니다. 독해를 하기 위해 뇌가 이만큼 노력한다는 것은, 내버려 두면 독해력이 떨어진다는 뜻이기도 합니다.

다음은 연령별 문해력을 나타낸 그래프입니다. 시험으로 계속 독해력을 평가하는 십대를 지나면서 문해력이 급격하게 떨어집니다. 왜 이렇게 문해력이 떨어지게 되는 걸까요? 여러 이유가 있지만 가장 심각한 원인은 성인이 책을 안 읽기 때문입니다.

2019년 종이책 기준 우리나라 성인의 연평균 독서량은 6.1권입니다. 2017년 8.3권이었던 것이 6.1권까지 떨어졌습니다. 지금의 대한민국은 이미 책을 읽지 않는 사회가 돼버린 것이죠.

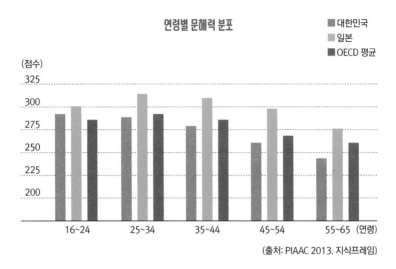

연령별 문해력 분포

■ 대한민국
■ 일본
■ OECD 평균

(점수)

| (연령) | 16~24 | 25~34 | 35~44 | 45~54 | 55~65 |

(출처: PIAAC 2013. 지식프레임)

아무리 해야 할 공부가 많고 바쁘더라도 꾸준하게 읽어야 합니다. 읽는 뇌를 갖고 태어나지 않은 이상 어떻게든 꾸준히 읽어야만 독해력을 유지할 수 있기 때문입니다. 하루에 한두 시간 정도는 글을 읽는 게 좋습니다. 글자에 자꾸 익숙해져야 문장을 읽고 이해하는 구문 독해력도 기를 수 있고, 긴 글을 한 호흡에 읽을 수 있는 힘도 기를 수 있습니다.

물론 처음부터 한 시간 이상을 읽는 것은 어렵습니다. 특히 집중력이 짧은 아이들에게는 더 힘든 일이지요. 그렇기 때문에 최소한 20분을 읽고 조금 쉬었다가 다시 20분 읽는 식으로 패턴을 잡아서, 잠깐이라도 글을 읽는 일에 집중할 수 있게 해주는 게 좋습니다.

특히 신문이나 잡지 기사는 20분 읽기에 최적화되어 있는 자료입니다. 아이가 좋아할 만한 주제를 다룬 신문 기사를 하나 읽고 가볍게 이야기를 나누세요. 이후에 잠깐 쉬었다가 다시 기사 하나를 읽고 이야기를 나누면 됩니다.

이렇게 하면 하루에 신문 기사 두 개 정도는 매일 읽을 수 있습니다. 같은 식으로 지도하면 영어 신문도 읽을 수 있고, 아이가 잘 안 읽으려 하는 다른 분야의 책도 읽을 수 있습니다.

국어 4 뒷이야기 꾸며서 쓰기

뒤에 어떤 이야기가 나올지 예상해 보게 하는 것은 상상력을 기르는 데도 좋지만, 추론하는 능력과 추상적인 사고를 기르는 데도 좋습니다. 앞뒤 이야기의 흐름이 매끄럽게 이어지도록 글을 쓰는 과정에서 논리적인 사고 능력도 함께 기를 수 있습니다. 익숙해지면 이와 반대로 앞에서 어떤 일이 있었을지 추측해 보게 하세요.

준비물 신문이나 잡지 등에서 발췌한 글(엄마는 원본, 아이는 앞이나 뒤만 있는 글), 공책 등

2분 .... **준비하기** ....

1 무엇을 공부할지 함께 정합니다.

> 오늘은 기사의 앞부분만 읽고 뒷이야기를 써보자.

15분 .... **활동하기** ....

2 아이가 관심 있는 주제를 다룬 신문이나 잡지 등의 읽기 자료를 앞부분만 주고서 함께 읽습니다.

> 경기도 용인의 한 사육장에서 탈출한 곰을 죽이지 말아달라는 초등학생들의 청와대 청원이 올라와 네티즌들의 공감이 이어지고 있다. 지난 15일 청와대 국민청원 게시판에는 '용인시에서 탈출한 곰을 죽이지 말아주세요'란 제목의 글이 올라왔다. 청원인은 수원의 한 초등학교의 4학년 학생들이다. 학생들은 "주민들 입장에서는 곰에 의해 다칠까봐 많이 겁이 날 것 같다"며 "하지만 곰의 입장에서는 지금 많이 행복하기도 하고 다시 잡히고 싶지 않을 것 같다"고 했다. 이어 "선생님께서 곰 사육장에서 곰을 어떻게 괴롭히는지 알려주셨다"며 "인간의 입장에서 필요하다고 살아있는 곰을 그렇게 하는 것은 서서히 죽이는 행동이라고 생각한다"고 털어놨다.
>
> 그러면서 "대통령님 태어나서 처음으로 자유를 만난 곰을 죽이지 말아달라. 살려달라. 지켜달라"며 "우리반 친구들이 곰을 살릴 수 있는 방법으로 마춰

총으로 잡아서 넓은 동물원에서 편안하게 살 수 있게 했으면 좋겠다고 의견을 모았다"고 호소했다. (중략)

－"도망친 곰 죽이지 말아주세요… 초등학생들의 호소",
2021.07.16.《조선일보》기사 발췌

3 기사의 내용을 육하원칙으로 간단하게 확인합니다.

- 이 이야기는 어디에서 벌어진 일이니?
- 왜 이런 일이 생겼을까?
- 누가 이야기의 주인공이지?
- 언제 일어난 일이니?
- 이야기의 주인공은 무엇을 원하는 걸까?

4 뒤에 어떤 이야기가 나올 것 같은지 상상해 보고 이야기를 나눕니다.

- 이다음에 아이들에게는 어떤 일이 벌어질 것 같니?
- 이다음에 곰에게는 어떤 일이 벌어질 것 같니?
- 왜 그렇게 생각하는지 이야기해 볼래?

5 이야기 나눈 내용을 글로 써봅니다.

- 아이들의 청원에 공감한 국민이 많아졌다. 청원이 20만 명을 넘게 되었다.
- 아이들의 청원을 대통령이 들어주게 되었다. 용인에서 탈출한 곰은 죽지 않고 살아남게 되었다. 곰은 다시 동물원으로 돌아갔다.
- 곰은 잡혀서 사살되었다. 동물원을 없애야 한다는 의견이 많아지게 되었다.

6 뒤에 나오는 이야기나 기사를 보여줍니다.

3분 ··· 정리하기 ···

7 후속기사를 찾아보고, 실제로 어떤 일이 더 일어났는지 확인해 봅니다.

8 느낀 점을 이야기 나눕니다.

듣고 말하기에
자신감이 생기는
20분 영어 공부

영어, 어떻게
가르치고 있나요?

"선생님, 영어는 일찍 시작하는 게 좋다던데요. 영어유치원 보내려고 알아보니까 비용이 만만치 않더라고요."

학부모들에게 종종 받는 질문입니다. 아마 비슷한 고민을 대부분 해보셨을 겁니다. 비상교육에서 2021년 3월에 학부모 524명을 대상으로 새 학기 사교육 현황을 설문했습니다. 자녀교육에서 꼭 필요한 사교육을 하나만 꼽을 때 무엇을 고를 것인지 묻는 질문에서 영어를 꼽은 부모가 무려 48.9퍼센트였습니다. '수포자'가 쏟아져 나오는 수학이 21퍼센트로 2위로 밀린 걸 보면 한국 부모들이 영어 교육을 얼마나 고민하고 있을지 짐작하고도 남습니다.

영어유치원부터 시작한 영어 교육은 영어회화 전문 학원, 방학 중 단기 어학연수, 원어민 과외, 전화 영어 수업, 온라인 영어 강의 등 폭을 넓혀갑니다. 비용은 어느 것도 만만치 않습니다. 이런 까닭에 우리나라 영어 사교육 시장 규모는 오래전에 천문학적 액수를 넘어섰습니다. 대한민국의 지나친 교육열을 지적할 때 항상 등장하는 것도 영어 교육이지요.

학교에 다닐 때는 수능 영어를 준비해야 하고, 취직을 할 때도 어지간한 기업체에선 모두 공인된 영어 시험 점수를 요구합니다. 이런 마당에 부모가 일찌감치 아이의 영어 교육에 관심을 갖는 것은 어쩌면 자연스러운 일인지도 모릅니다.

문제는 이런 부모의 불안과 걱정을 이용하는 영어 시장입니다. 지금 당장 안 하면 큰일 난다는 식으로 부모를 자극해서 돈을 쏟아붓게 만드는 데에 진짜 문제가 있지요. 혹시라도 비용 대비 효율이 떨어지는 공부를 하고 있진 않은지 돌아보아야 합니다.

어릴 때부터 가르친 영어, 왜 효과가 없을까?

몇 년 전에 말레이시아에 교육봉사를 갔던 적이 있습니다. 현지 한글학교에서 초등 1학년 학생들에게 한국어를 잠깐 가르쳤습니다. 한글학교는 교민들이 자녀들에게 한국사와 한국어를 가르치기 위해 자발적으로 만든 야학 같은 학교입니다. 제가 봉사를 갔던 말레이시아는 영어, 중국어, 말레이시아어를 모두 사용하는 나라입니다. 편의점에만 가도 직원들이 영어로 뭐가 필요하냐고 묻습니다.

그때 같은 교실에 있는 일곱 명 아이 모두 한국어 실력이 달랐습니다. 어떤 아이는 중국어, 영어, 한국어를 구사했지만, 어떤 아이는 한국어로 말은 할 수 있는데 읽거나 쓸 줄은 몰랐고, 어떤 아이는 한국어 자체가 매우 어눌했습니다. 제가 하는 한국어 설명을 잘 알아듣지 못해서 친구가 중국어로 설명해 주면 그제야 아, 하고 이해하더군요. 한 교실에 있어도 그렇게나 한국어 능력에 차이가 있다는 게 새삼 놀라웠습니다.

수업이 끝난 뒤에 물어보니, 한국어를 말할 줄은 아는데 읽고 쓰는 것은 잘 못하는 아이는 한국에서 살다가 말레이시아로 넘어온 지 얼마 안 된 아이였습니다. 한국어가 생각이 잘 안 난다고 말하더군요. 반면 한국어로 듣거나 말하기 모두 잘 안 되는 아이는 말레이시아에서 쭉 살아온 아이였습니다. 이 아이는 우리가 영어를 따로 시간 내서 배우듯이 한국어를 외국어처럼 배우고 있었습니다.

느닷없이 왜 이런 이야기를 하는지 궁금하신가요. 외국어 사용 능력은 우리 뇌의 특성과 밀접하게 관련이 있기 때문입니다. 아이의 뇌는 매 순간 성장합니다. 초등학생의 뇌는 변화무쌍하며 한창 발달하는 단계에 있지요. 어떤 뇌 부위는 말을 하고 외국어를 이해하는 데 쓰이고, 어떤 뇌 부위는 칭찬에 반응하고 정서적으로 감정을 표현하는 데 쓰입니다.

아이가 만 여섯 살이 되면 뇌 가운데 부위인 두정엽과 양옆의 측두엽이 발달합니다. 두정엽은 공간과 입체적인 사물을 이해하는 사고를 담당합니다. 두정엽이 발달하기 전에는 수학적인 이해가 어렵습니다. 너무 이른 나이에 수학 공부를 시키면 아이가 이해하지 못하는 까닭입니다. 측두엽은 언어 기능과 청각 기능을 담당합니다. 외국어 교육과 직접 관련이 있는 부위이지요.

전문가들은 측두엽이 발달할 때 외국어 교육을 비롯해 말하기·듣기·읽기·쓰기 교육을 하는 것이 효과적이라고 조언합니다.[11] 측두엽이 발달하기 전에 하는 외국어 교육은 큰 의미가 없다고도 하지요. 말레이시아에서 제가 만났던 여덟 살 아이들이 한국어를 잊어버린 것도 그래서입니다. 그전까지만 해도 모국어였던 한국어를 아이들은 대부분 잊어버렸거나 잊어버리는 중이었습니다.

이 원리는 우리 아이들이 영어를 배우는 데에도 똑같이 적용됩니다. 비싼 돈을 들여 영어유치원에서 아무리 열심히 영어 사용 환경을 만들어 줘도 이 환경이 아이에게 24시간 내내 적용되지 않는 이상은 큰 효과를 보기 어렵습니다.

우리는 말레이시아처럼 편의점에서 영어로 이야기하지 않습니다. 한글 간판에, 한국어 대화에, 한글로 된 책과 글이 넘쳐나는 속에서 외국어 사용 환경이 만들어지는 것은 매우 어렵습니다. 사실 어떤 외국어 교육도 우리처럼 단일어(한국어)만 사용하는 환경에선 가성비가 떨어질 수밖에 없습니다. 이건 방법적인 측면도 그렇지만 효과 측면에서도 결코 간단하지 않은 문제입니다. 그래서 조금 더 현명하게, 조금 더 지혜롭게 접근해야 하는 것입니다.

짧아도 된다,
영어로 말하기에 익숙해지기

2016년 여름, LA에서 열린 한글학교 연합세미나에 강의를 하러 갔다가 우연히 한글학교에서 오랫동안 교육 봉사를 해오신 선생님 한 분과 이야기를 나누게 되었습니다. 이분은 미국에서만 10년 넘게 사셨다고 했습니다.

"선생님은 미국에 오래 사셨으니까, 영어는 문제없으시겠네요."

"먹고살 만큼은 하죠. 솔직히 어른은 영어가 잘 안 늘더라고요. 근데 애들은 달라요. 우리 애도 10살 넘어서 왔는데, 지금은 여기 사람만큼 잘해요."

미국에서 생활한다는 것은 말 그대로 24시간 내내 영어를 사용하는 환경에 노출된다는 뜻입니다. 텔레비전을 틀어도 영어, 길거리를 걸어도 영어, 버스에 타도 영어, 어딜 가나 영어만 들립니다. 이처럼 영어가 풍부한 환경에서 어른이 아이와 달리 영어가 잘 안 느는 이유는 무엇일까요?

"한국인 남성이 외국 사람한테 먼저 말을 건다는 게 우리 문화에선 영 어색하잖아요. 쑥스러워서 저는 지금도 묻는 말 아니면 말이 잘 안 나와요. 하지만 애들은 달라요. 영어가 되든 안 되든 일단 내뱉고 보거든요. 저희 애도 미국 와서는 금세 옆집, 뒷집 애들을 사귀어서 영어로 놀더라고요."

선생님 말씀처럼 똑같은 언어 환경에서 영어가 쉽게 늘고 안 늘고는 사용자에게 달려 있습니다. 영어를 얼마나 자주, 얼마나 많이 입 밖으로 내뱉느냐가 말하기 능력에서 결정적인 차이를 가져오는 것입니다.

영어권으로 유학을 간 한인 유학생 가운데에서도 영어를 잘 못해서 애먹는 경우가 많습니다. 이 경우, 영어로 말하는 게 껄끄럽고 부끄러우니까 같은 한국인 학생하고만 대화합니다. 한국인 학생끼리 어울려 지내는 것은 영어유치원 갔다가 집에 와서는 한국어 환경으로 되돌아가는 것과 똑같습니다.

영어 사용 환경이 풍부한 상황에서도 말로 직접 내뱉지 않으면 영어는 조금도 늘지 않습니다. 말하기는 순전히 얼마나 많이 말하느냐에 달렸기 때문에 자꾸 입 밖으로 말을 내뱉는 게 좋습니다. 국어 공부와 마찬가지로 내가 내는 소리를 내 귀로 직접 들어야만 어디가 어색하고 이상한지도 알 수 있습니다.

영어로 말하는 훈련은 쉬운 주제를 정해놓고 말을 추가하는 식으로 연습하는 게 좋습니다. 한국어도 말하기를 연습하지 않으면 말하는 것 자체가 어색합니다. 마찬가지로 영어도 말하는 상황에 익숙해져야 영어로 말하는 것을 부끄러워하지 않고 자연스럽게 대화할 수 있습니다. 영어 말하기를 잘하고 싶다면 짧고 쉬운 말하기부터 시작하세요.

처음에는 말하기가 정확하거나 완벽하지 않아도 됩니다. 일단 시작하는 것이 중요합니다. LA에서 저는 강의를 하고 가족은 여행을 다녔습니다. 일곱 살이었던 유진이는 그때 알파벳은커녕 영어의 '영'도 모르던 아이였습니다. 그런데 일주일쯤 지난 어느 날 유진이가 호텔 로비에서 외국인과 웃으면서 이야기를 나눴습니다. 깜짝 놀라서 무슨 이야기를 했냐고 물었더니, 외국인이 날씨가 너무 덥다고 하길래 유진이가 "I'm hot"이라고 했다고 합니다. 그랬더니, 외국인이 큰소리로 웃으면서 "I'm hot, too"라고 하더랍니다.

유진이에게 그 말을 어떻게 알아들었는지 물었습니다. 유진이는 아무렇지 않게 텔레비전에서 일기예보를 할 때마다 hot이라고 하길래 hot이 뜨거운 거구나, 생각했다고 합니다. 물론 이 문장은 문법적으로는 틀린 말입니다.

그러나 외국인은 유진이가 하는 말을 알아듣고 웃기까지 했습니다. 유진이는 그 자리에서 나는 한국인이고 일곱 살이고 이름은 유진이라는 것까지 설명했다고 하니, 이 정도면 영어로 의사소통하는 일에 성공했다고 할 수 있지 않을까요.

어른이 문법을 따지는 동안 아이는 되는대로 내뱉습니다. 외국인 입장에선 더듬거리는 어른보다 손짓발짓 해가면서 설명하는 아이의 말이 더 이해하기 쉽습니다. 말하기는 어렵게 생각하면 한도 끝도 없이 어렵습니다. 일단 입 밖으로 뱉는 게 중요하다고 믿고, 아이가 영어 말하기에 도전할 수 있도록 도와주세요.

초등학생에게 재미를 빼고 어떤 공부를 말할 수 있을까요. 영어 학습 또한 아이에게 '영어의 재미'를 심어주는 것이어야 합니다. 영어를 네이티브처럼 하는 것을 목표로 삼으면 넘어야 할 장애물이 차고 넘칩니다. 그런데 영어가 소통의 도구일 뿐이라면 내가 아는 범위에서 내가 할 수 있는 만큼 이야기하면 그만입니다.

신나고 재미있게 노래도 불러보고, 말도 해보고, 영화 속 대사도 따라해 보면서 영어가 재미있는 것으로 다가가면 좋겠습니다.

말하기는 처음에는 하루에 세 문장 말하기, 주제 바꿔서 말하기 등으로 연습하면 좋습니다. 영어로 말하는 상황에 익숙해지는 것이 목표이기 때문에, 이때는 문법을 따지면서 어렵거나 복잡한 문장으로 연습할 필요가 전혀 없습니다.

언어 천재로 유명한 조승연 작가는『플루언트』에서 이런 지적을 했습니다. 외국에서는 주어와 동사라는 기본 문장만 몇 달씩 연습하는데, 우리는 곧바로 여러 문장으로 말하기를 기대한다고 말입니다. 짧은 문장 말하기를 충분히 연습해야 비로소 긴 문장도 말할 수 있다는 것을 꼭 기억해 주세요.

영어1 세 문장으로 말하기

준비물 공책, 펜, 스마트폰 녹음기 앱

5분 ·········· **문장 만들기** ··········

1 말하기 할 주제를 정하고 주제에 관한 문장을 한국어로 말해봅니다. 세 문장으로만 말합니다.

오늘 **날씨**는 정말 뜨겁다. 여름에는 **아이스크림**을 먹고 싶다. 나는 **바닐라 아이스크림**을 좋아한다.

2 한국어 문장을 아이 수준에 맞는 간단하고 쉬운 영어 문장으로 바꿔봅니다.

Today is very hot. In summer, I hope to eat icecream. I like vanilla flavored icecream.

5분 ·········· **추가하기** ··········

3 문장을 늘리거나 수식어를 추가합니다.

오늘도 날씨가 정말 뜨겁다. 여름에는 아이스크림을 <u>하루에 하나씩</u> 먹고 싶다. 나는 바닐라 아이스크림을 <u>특히</u> 좋아한다.

4 영어로 문장을 만듭니다.

Today is very hot, too. In summer, I hope to eat one icecream one day. I especially like vanilla flavored icecream.

5 보충할 말이 없는지 생각해 봅니다.

어제는 날이 매우 뜨거웠다. 오늘도 날씨가 정말 뜨겁다. 한국은 여름에 아주 무덥다. 여름에는 아이스크림을 하루에 하나씩 먹고 싶다. 나는 바닐라 아이스크림을 특히 좋아한다. 땅콩맛 아이스크림은 싫다.

6 영어로 문장을 바꿔봅니다.

Yesterday was so hot. Today is very hot, too. Korea is very hot in summer. In summer, I hope to eat one icecream one day. I especially like vanilla flavored icecream. I hate peanut flavored icecream.

7 영어 문장을 외워서 말해봅니다.

영어 2 주제 바꿔서 말하기

준비물 공책, 펜, 스마트폰 녹음기 앱

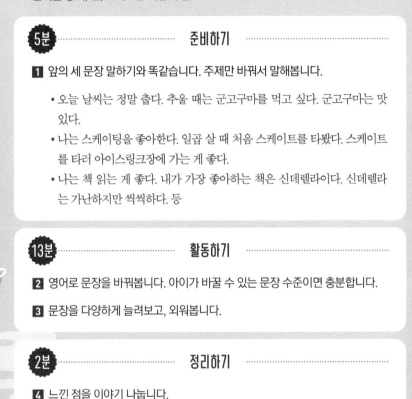

5분 ···················· **준비하기** ····················

1 앞의 세 문장 말하기와 똑같습니다. 주제만 바꿔서 말해봅니다.

- 오늘 날씨는 정말 춥다. 추울 때는 군고구마를 먹고 싶다. 군고구마는 맛있다.
- 나는 스케이팅을 좋아한다. 일곱 살 때 처음 스케이트를 타봤다. 스케이트를 타러 아이스링크장에 가는 게 좋다.
- 나는 책 읽는 게 좋다. 내가 가장 좋아하는 책은 신데렐라이다. 신데렐라는 가난하지만 씩씩하다. 등

13분 ···················· **활동하기** ····················

2 영어로 문장을 바꿔봅니다. 아이가 바꿀 수 있는 문장 수준이면 충분합니다.

3 문장을 다양하게 늘려보고, 외워봅니다.

2분 ···················· **정리하기** ····················

4 느낀 점을 이야기 나눕니다.

3

듣기와 어휘,
무엇이 먼저일까?

    제가 중학교에 들어가던 해에 집에 비디오가 생겼습니다. 구매자들에게는 무료로 비디오테이프를 빌려주었는데, 저는 주로 중국 무협물을 보았습니다. 어찌나 재밌던지 가게에 있던 거의 모든 중국 영화를 보았습니다. 몇 년 사이에 어림잡아 중국어로 된 영화만 1,000편 가까이 보게 되었지요.

    외국어를 가장 민감하게 받아들일 시기에 중국어를 매일 두세 시간씩 보고 들었던 셈입니다. 그런데 저는 중국어를 그때도 못했고 지금도 못합니다. 대학 때 중국어 교양 강좌에선 A+를 받았지만, 그것도 시험에 나오는 문장을 모조리 외워서 받은 점수일 뿐 실제로는 중국어를 전혀 알아듣거나 말하지 못했습니다. 왜 그랬을까요?

    중국어는 한국어와 전혀 다른 언어입니다. 우리말에 없는 성조도 있고, 고유한 발음도 있습니다. 중국어는 가장 익히기 어려운 언어 가운데 하나로, 따로 노력하지 않으면 모국어인 한국어에만 익숙해져 있는 우리 뇌는 중국어 고유의 발음과 성조를 알아듣지 못합니다.

영어도 마찬가지입니다. 할리우드 영화를 수백 편 본다고 해서 영어를 완벽하게 알아듣지는 못합니다. 영어에는 한국어에 없는 발음과 발성 규칙이 있고, 발음할 때 성대의 떨림조차 미묘하게 다릅니다. 한국어에 익숙한 우리 뇌는 스치듯이 빠르게 한두 번 듣는 걸로는 이런 낯선 발음의 미묘한 차이를 전혀 알아채지 못합니다. 어떤 언어든지 배우고 싶다면 잘 들릴 때까지 같은 문장을 반복해서 질리도록 들어야 하는 것이지요.

또, 단어를 모르면 영어가 안 들립니다. 문장에서 생소한 단어가 나오면 그 단어는 잘 안 들리고 문장을 이해하기 어렵습니다. 디즈니 애니메이션 〈라푼젤〉에는 "I am a despicable human being"이라는 문장이 나옵니다. 여기서 despicable은 '비열한'이라는 뜻의 단어입니다. 이 단어를 모르는 사람이 듣는다면 문장의 뜻을 정확하게는 이해하지 못할 겁니다.

참고로 이건 라푼젤이 엄마로 믿고 있는 마녀 몰래 성을 빠져나온 뒤에 한 말입니다. '엄마를 속이다니, 난 정말 못된 애야' 같은 뜻으로 한 말이죠. 처음 보는 단어니까 정확한 뜻은 모를 수 있지만, 단어는 하나만 똑 떼어서 쓰는 게 아닙니다. 문장에서 쓰는 것이기 때문에 앞뒤 상황을 보면 잘 모르는 단어지만 대충 분위기상 '못된,

고약한' 같은 뜻이겠구나, 짐작할 수 있습니다.

영어 공부의 기본 원칙, 듣고 따라 말하기

우리가 평소에 말할 때 아주 기본적인 단어를 반복해서 쓰듯이, 영어도 일상에서는 기본 단어만으로 대화합니다. 초등학생은 초등학교 영어과 교육과정에서 다루는 기본 단어를 익히는 것부터 시작하면 됩니다.

초등 영어과 교과서 맨 뒷장에는 학생들이 배워야 할 모든 단어가 적혀 있습니다. 그 단어들을 기본적으로 익히는 것이 먼저입니다. 초등학생이 어렵고 복잡한 단어를 외우느라 머리 싸매고 고민할 일은 아니라는 뜻입니다.

단어는 모든 언어 공부의 기본입니다. 그러나 단어만 따로 떼어서 외우면 오히려 써먹기가 더 힘듭니다. 단어는 문장을 만들기 위한 기본 요소이기 때문에 문장에서 어떻게 쓰이는지를 아는 것이 중요하지, 단어 자체만으로는 의미가 없습니다. 뚝 떼어서 단어만 외울 게 아니라, 단어를 문장에서 어떻게 사용했는지 눈으로 직접 확인해 보고 소리 내서 읽어보는 게 중요합니다.

또한 영어에는 강세와 리듬이 있습니다. 한국어에는 없는 것이죠. 우리는 평조로만 말하기 때문에 '나는 저녁을 먹는다'라고 할 때 모든 글자가 다 똑같은 높이에서 발음됩니다. 하지만 영어는 'I have dinner'라고 말할 때 모든 글자를 똑같이 발음하는 일이 없습니다. 음이 생략되거나 축약되기도 하고, 연음으로 이어지기도 합니다. 이것이 한국어와 영어의 가장 중요한 차이입니다.

한국어에는 없는 강세와 리듬 때문에 영어만큼은 종이 사전보다 인터넷 사전이 좋습니다. 인터넷 사전으로 단어를 찾아보고, 그 소리를 정확하게 여러 번 반복해서 들어보고 따라 말하는 식으로 연습하는 게 좋습니다. 이런 과정이 익숙해지면 영어로 된 문장을 읽는 독해로 넘어가면 됩니다.

외국어는 공부 방법이 생각보다 단순합니다. 듣기가 먼저냐, 어휘가 먼저냐는 중요하지 않습니다. 듣고 따라 말하고, 듣고 따라 말하고 반복하는 것이 기본 원칙입니다.

『영어공부, 절대로 하지마라!』를 쓴 정찬용 작가는 듣기 한 번에, 따라 말하기를 적어도 세 번씩 연습하라고 말합니다.[12] 들어서 뜻을 모르는 어휘가 나오면 그 어휘는 찾아서 귀로 듣고, 입으로는 몇 번이고 따라 말하는 것이 익숙해질 때까지 연습해야 합니다.

영어3 영어 연설하기

준비물 스마트폰 녹음기 앱, 연습장

3분 ·· **준비하기** ··

1 책에서 읽었거나 공부하면서 새로 알게 된 단어를 넣어서 짧은 문장을 세 개 이상 만들어 봅니다.

15분 ·· **활동하기** ··

2 세 문장 말하기에서 연습한 것처럼 전치사나 형용사 등 수식어를 넣어서 문장을 자세하게 바꾸어줍니다.

3 언제, 어디에서, 누구와 했던 일인지 육하원칙을 생각하면서 글을 최대한 길게 늘려봅니다.

4 영어로 문장을 바꿉니다. 어려워하면 엄마가 도와주세요.

5 익숙해질 때까지 반복해서 읽습니다.

2분 ·· **녹음하기** ··

6 녹음기 앱을 사용해서 영어 문장을 녹음합니다.

7 녹음을 들으면서 느낀 점을 말해봅니다.

단어와 문장을
쉽게 익히려면?

영어 사전에 있는 단어가 모두 몇 개나 될까요? 무려 17만 개라고 합니다. 이 많은 단어를 영어 원어민이라고 다 알진 않습니다. 우리가 국어사전에 있는 단어들을 몰라도 일상생활에 아무 지장이 없는 것과 똑같지요. 그렇다면 우리 아이들은 어떤 단어를 어떻게 익혀야 할까요?

우리가 사용하는 어휘 지식에는 두 가지가 있습니다. 수동적 지식(receptive knowledge)과 능동적 지식(productive knowledge)입니다. 수동적 지식은 어휘가 가진 뜻만 아는 것으로, 읽기나 듣기에 필요한 지식입니다. 능동적 지식은 어휘의 뜻을 포함하면서 문법적 패턴, 발음, 철자 등 말하기나 쓰기에 필요한 지식이지요.[13]

수동적으로 아는 어휘는 뜻은 알지만 실제 생활에서는 잘 안 쓰는 단어들입니다. 예를 들면 병력, 군비 증강, 담화 같은 용어입니다. 우리가 일상에서 자주 쓰는 말들은 능동적으로 아는 어휘입

니다. 우리가 평소 일상에서 사용하는 문장은 어떤 어휘로 구성될
까요?

지우야, 엄마랑 같이 도서관 갈까?
감기를 예방하려면 손을 깨끗이 씻어야 합니다.

이 문장에서 어려운 단어가 있나요? 없습니다. 능동적 어휘로
구성된 문장이기 때문입니다. 실생활에선 수동적으로 아는 어휘가
별로 쓸모가 없습니다. 영어도 실생활에서 쓰는 능동적 어휘를 많
이 활용할 수 있어야 말하기도 쓰기도 쉽습니다. 물론 읽기도 그렇
고요. 이렇듯 목적을 어디에 둘 것인지가 명확해야 영어 공부도 쉬
워집니다.

1. Beginner(입문): 700단어
2. Pre-Intermediate(초급): 1,500단어
3. Intermediate(중급): 2,500단어
4. Upper-Intermediate(중상급): 4,000단어
5. Advanced(상급): 8,000단어
6. Mastery(고급): 16,000단어

위의 자료는 유럽에서 외국어 사용 능력을 측정하는 테스트로
유명한 CEFR(Common European Framework of Reference)에서 소개

하는 단어 레벨입니다. 유럽에서는 영어가 공용어이긴 해도 모국어 외에 따로 배워야 하는 언어입니다. 그만큼 유럽에서 측정하는 외국어 사용 능력으로서의 영어를 이해하는 것도 의미가 있겠지요.

국제 기준으로 본다면 자주 사용하는 어휘들이라고 해도 최소 700에서 1,000단어는 알아야 기초적인 사용자가 될 수 있습니다. 참고로 1만 개 이상 단어를 알면 원어민 같은 수준의 영어를 구사할 수 있게 된다고 합니다.

문장 구조가 쉬운 텍스트로 꾸준히 읽기

단어는 무조건 외운다고 습득되지 않습니다. 자주 반복해서 문장으로 읽어야 애쓰지 않고도 구사할 수 있는 단어로 굳어집니다. 그러기 위해서는 문장 구조가 쉬운 영어 동화책이나 학생들 수준에 맞게 쓰인 영어 신문 기사들을 꾸준히 읽는 것이 특히 좋습니다.

신문 기자들은 보통 깔끔한 문어체로 기사를 씁니다. "누가 어디에 왜 갔다, 그리하여 이런 일이 일어났다." 그렇기 때문에 뒤죽박죽 복잡하지 않습니다. 요즘은 영어 신문이 아이들 수준에 맞게 단계별로 나오기 때문에 쉬운 단계부터 시작해서 서서히 난도를 올려갈 수도 있습니다. 신문 기사의 몇 문장만 공책에 옮겨 쓰고 다른 문장으로 바꿔 쓰는 연습을 하면 영어 문장의 구조와 단어들이 한결 눈에 잘 들어옵니다.

한국어와 영어는 문장 구조에서 차이가 많이 납니다. 한국어에는 있는 조사가 영어에는 없습니다. 그런가 하면 한국어는 주어를 생략하는 경우가 많지만 영어는 그렇지 않지요. 어순이 다른 것은 말할 것도 없습니다. 물론 이런 과정을 아이에게 하나하나 설명하려면 너무 어렵습니다.

영어 문법은 읽기와 듣기가 꾸준히 반복되고 쌓이면 아주 자연스럽게 감으로 잡히게 됩니다. 아, 이땐 이런 식으로 말하는구나, 하고 익히면 문법책으로 동명사, to-부정사 등을 외우지 않고도 '이건 이상한데? 이건 괜찮네' 하면서 답을 찾게 됩니다. 아이의 수준이 이 정도가 됐을 때 문법을 배우면 오히려 매우 쉽게 뼈대를 단단히 잡게 됩니다.

영어 4 　영어 신문 읽고 베껴 쓰기

준비물 영어 신문, 공책

3분 ┄┄┄┄┄┄┄┄┄┄ 준비하기 ┄┄┄┄┄┄┄┄┄┄

1 마음에 드는 영어 신문 기사를 고릅니다.

2 오늘 할 일을 말해줍니다.

　오늘은 영어 신문에서 맘에 드는 기사를 고르고 문장 다섯 개만 옮겨 써보자 등

15분 ┄┄┄┄┄┄┄┄┄┄ 활동하기 ┄┄┄┄┄┄┄┄┄┄

3 공책에 영어 기사 제목을 먼저 씁니다.

4 영어 기사를 함께 읽어봅니다. 음성 지원이 되는 경우, 원어민의 음성으로 문장을 여러 번 들어보세요.

5 영어 기사에서 다섯 문장 정도를 골라서 여러 번 읽어봅니다.

6 어떤 기사인지 문장을 함께 해석하면서 짚어줍니다.

7 기사의 문장 가운데 중요한 내용을 다룬 문장은 밑줄을 칩니다.

8 밑줄 친 문장만 골라서 공책에 옮겨 씁니다.

2분 ┄┄┄┄┄┄┄┄┄┄ 정리하기 ┄┄┄┄┄┄┄┄┄┄

9 공책에 옮겨 쓴 문장을 큰 소리로 읽어봅니다.

10 느낀 점을 이야기 나눕니다.

매일 실력이 오르는
20분 수학 공부

초등 수학에서는
무엇을 배울까?

초등 수학은 수와 연산, 도형, 측정, 자료와 가능성, 규칙성 등 크게 다섯 가지 영역으로 나뉩니다. 이 가운데 가장 큰 비중을 차지하는 것은 수와 연산입니다. 수학에서 연산은 기본이기 때문에 수학의 기초를 다지는 초등학교 때 수와 연산에 비중을 많이 두는 것입니다.

연산은 어떤 학년에서든 기본적으로 잘해야 합니다. 연산 훈련은 놓지 말고 꾸준히 해두는 게 좋습니다. 초등 수학 단원 구성표를 눈여겨보면 어떤 학년에서든 매 학기를 수와 연산으로 시작한다는 것을 알 수 있습니다. 그러니 방학 때 연산 훈련을 꾸준히 해두면 다음 학기를 마음 편하게 시작할 수 있습니다.

여기서 한 가지 중요한 것이 있습니다. 바로 '암산'입니다. 연산의 기본은 결국 암산입니다. 기본적인 암산 훈련은 매일 하는 게 좋습니다. 하루 20분이면 너무나 훌륭하지만, 그만큼 시간을 낼 수 없다면 차를 타고 오가면서 해봐도 좋습니다. 저는 학생들에게 자동차 번호판을 보면서 암산하도록 지도했습니다. 번호판 숫자가 '21가 1234'라면 12와 34를 곱해보게 하는 식입니다. 두 자릿수 곱하기 두 자릿수 정도만 암산할 수 있어도 연산 능력이 눈에 띌 정도로 향상됩니다.

초등 수학 교과서 단원

	1단원	2단원	3단원	4단원	5단원	6단원
1학년 1학기	9까지의 수	여러 가지 모양	덧셈과 뺄셈	비교하기	50까지의 수	
1학년 2학기	100까지의 수	덧셈과 뺄셈(1)	여러 가지 모양	덧셈과 뺄셈(2)	시계 보기와 규칙 찾기	덧셈과 뺄셈(3)
2학년 1학기	세 자릿수	여러 가지 도형	덧셈과 뺄셈	길이 재기	분류하기	곱셈
2학년 2학기	네 자릿수	곱셈	길이 재기	시각과 시간	표와 그래프	규칙 찾기
3학년 1학기	덧셈과 뺄셈	평면도형	나눗셈	곱셈	길이와 시간	분수와 소수
3학년 2학기	곱셈	나눗셈	원	분수	들이와 무게	자료의 정리
4학년 1학기	큰 수	각도	곱셈과 나눗셈	평면도형의 이동	막대 그래프	규칙 찾기
4학년 2학기	분수의 덧셈과 뺄셈	삼각형	소수의 덧셈과 뺄셈	사각형	꺾은선 그래프	다각형
5학년 1학기	자연수의 혼합계산	약수와 배수	규칙과 대응	약분과 통분	분수의 덧셈과 뺄셈	다각형의 둘레와 넓이
5학년 2학기	수의 범위와 어림하기	분수의 곱셈	합동과 대칭	소수의 곱셈	직육면체	평균과 가능성
6학년 1학기	분수의 나눗셈	각기둥과 각뿔	소수의 나눗셈	비와 비율	여러 가지 그래프	직육면체의 부피와 겉넓이
6학년 2학기	분수의 나눗셈	소수의 나눗셈	공간과 입체	비례식과 비례 배분	원의 넓이	원기둥, 원뿔, 구

초등 수학과 교육과정에서 연산을 빼면 가장 자주 나오는 게 도형입니다. 도형은 잘하는 아이들이 있는가 하면 정말 힘들어하는 아이들도 있습니다. 도형은 공간 감각과 관련이 깊어서 잘하는 아이들은 교사가 뭐라 설명하지 않아도 알아서 척척 잘하고, 못하는 아이들은 모형을 갖다주면서 설명해도 이해를 잘 못합니다. 공간 감각은 어느 정도 타고나는 부분도 있지만, 이 역시 훈련하면 서서히 좋아집니다.

5학년을 담임했을 때, 다른 수학 영역은 다 잘하는데 유독 도형 단원만 어려워하는 아이를 보았습니다. 도형이 왜 그렇게 어렵냐고 물었더니, 아이 말로 '머릿속에 그림이 안 그려진다'고 하더군요. 쌓기나무와 입체도형은 머릿속에 3차원 입체도형을 그릴 수 있어야 합니다.

이 훈련은 어릴 때 해두면 나중에 도형 단원을 수월하게 넘어갈 수 있지만, 그렇지 않으면 하나하나 그림을 그려가면서 따져봐야 합니다. 외국에서는 '위는 삼각형이고 아래는 원인 입체도형을 그려봐' 하는 식으로 심상화하는 방법을 훈련하는 학교도 있다고 합니다.

측정은 평면도형의 넓이를 구하는 정도로 다룹니다. 넓이라는 것은 도형이 얼마나 공간을 차지하는가의 문제이기 때문에 이때도 공간 감각은 물론이고 연산 능력 역시 필요합니다. 단위의 변환이나 다양한 수학적 기호를 이해하는 능력 등이 중요하게 다뤄지는 통합 영역이라고 보시는 게 좋습니다.

규칙성 찾기는 이후 상급 학년에서 확률과 통계로 이어집니다. 지금이야 간단해 보일지 몰라도 나중에 가서는 방정식의 해를 구하거나 확률의 값을 구하는 것이 결코 간단하지 않습니다.

건물을 올릴 때는 기초공사에만 몇 달, 아니 몇 년을 투자합니다. 초등학교 시기는 건물을 올리기 위한 기초공사를 하는 때라고 생각하세요. 학교에서 배우는 부분을 잘 이해하고 있는지 살펴보며 기본 공부에 힘을 쏟도록 하는 것이 초등 수학 공부의 핵심입니다.

수학1 연산 훈련하기

준비물 줄이 있는 공책이나 연습장, 스마트폰 타이머 앱

2분 ·· 준비하기 ··

1 오늘 공부할 내용에 대해서 미리 설명해 줍니다.

> 두 자릿수 곱하기 두 자릿수를 암산해 볼 거야.

13분 ·· 활동하기 ··

2 연산 문제를 10개 내주세요. 문제 푸는 시간을 타이머로 재서 기록합니다.

3 함께 채점하고, 틀린 문제는 다시 풀게 하세요. 왜 틀렸는지 아이가 직접 확인하고 틀린 부분을 짚어보게 하세요. 다 맞으면 문제 10개를 다시 내줍니다. 또풀고 함께 채점합니다.

5분 ·· 정리하기 ··

4 오답노트로 가장 어려웠던 문제만 정리합니다. 오답노트를 쓸 때는 왜 틀렸는지, 어떤 부분을 고쳐야 할지 반성하는 피드백에 초점을 두는 게 좋습니다. 오답노트의 필기 분량이 많아지지 않도록 주의하세요. 자칫 필기에 목적을 두는 오답노트가 돼버립니다.

틀린 문제	오답노트
$$\begin{array}{r} 3\ 4\ 3 \\ \times\ \ \ 5\ 7 \\ \hline \end{array}$$	• 틀린 이유: 받아올림 할 때 숫자를 잘못 써서 틀렸다. • 고칠 부분: 받아올림 할 때 숫자를 깔끔하게 써야겠다. • 비슷한 문제 풀어보기 $$\begin{array}{r} 3\ 6\ 8 \\ \times\ \ \ 5\ 9 \\ \hline \end{array}$$

5 함께 뒷정리를 합니다.

단계별 레벨 업으로 기초 쌓기

②

수학 잘하는 아이, 참 부럽지요. 사실 수학만큼 학부모를 고민시키는 과목도 없습니다. 어떤 학원을 다녀야 할지, 어떤 문제집을 풀어야 할지, 창의력 수학을 해야 할지, 사고력 수학을 해야 할지, 어릴 때부터 공간 감각을 키워줘야 나중에 도형 문제를 잘 푼다는데⋯⋯. 참으로 말도 많고 고민도 많지요.

수학은 전략적으로 접근하지 않으면 좀처럼 해결이 안 나는 과목입니다. 수학이라는 과목의 특성이 앞에서 배운 것을 뒤에서 계속해서 심화시키고 발전해가는 형태라 그렇습니다. 수학의 이런 학문적 특성은 수학 공부에서 매우 중요하기 때문에 여러 번 되새겨보셨으면 좋겠습니다.

수학은 초등 수학과 중고등 수학이 전혀 다릅니다. 초등학생 때 기초적인 수학 실력은 반드시 키워주어야 하며, 이후 중고등학생 때에는 수학적 사고력을 점점 심화된 형태로 발전시켜 나아가야 합니다. 초등학교 때의 수학은 연산과 도형, 통계, 수에 대한 기본적인 감각과 이해를 길러야 하지만, 중고등학교 때의 수학은 이런 수학적인 이해를 바탕으로 심화된 형태의 수학적인 사고력을 요구하지요.

초등학생이 배우는 교육과정은 모든 과목이 긴밀하게 유기적으로 연계돼 있습니다. 어떤 과목도 독자적으로 존재하지 않습니다. 수학과 국어가, 국어와 사회가, 음악과 미술이, 과학과 국어가 서로 연계돼 있습니다.

국어를 이해하는 능력이 밑바탕이 되지 않으면 복잡한 수학 문장제 문제를 교과서에서 가르칠 수 없고, 국어 시간에 논리적인 글쓰기를 배우지 않은 학생에게 과학탐구 보고서를 쓰라고 할 수 없습니다. 모든 교과가 학생들이 도달하기를 기대하는 최소한의 학업성취 기준을 정해놓았고, 이 기준을 향해 함께 나아갑니다.

만약 아이의 사고 수준의 발달과 상관없이 수학 한 교과만 지나치게 선행하면 어떤 일이 벌어질까요? 연령과 관계없이 누구나 할 수 있는 연산과 연산의 응용 말고는 문제를 풀기 어려워집니다. 기초연산 문제집을 술술 풀던 아이가 문장제 문제에선 주저하고 막히는 느낌이 듭니다. 문제집을 바꿔도 소용없고, 학원을 바꿔도 소용없습니다. 어느 순간부터는 실력이 나아가지 않고 머물러 있게 됩니다. 지켜보는 부모도 슬슬 초조하고 불안해집니다.

수학을 잘하는 것처럼 보였던 '느낌'은 중학교 이상이 되면 더는 발휘되지 않습니다. 중학교 수학은 철저하게 수학적 사고력과 수학적인 개념 이해, 원리 응용이기 때문입니다. 이쯤 되면 초등학교 땐 공부를 잘했는데 중학교 올라와서는 왜 이 모양이지, 소리가 저절로 나옵니다. 사고력은 서서히 길러지는 능력인데, 이걸 너무 빨리 서두르는 바람에 벌어지는 일입니다.

한 단원 한 단원 성실하게 배우고 익히기

수학 공부는 마치 컴퓨터 게임 같습니다. 레벨 1이 시작되고, 화면에 자잘한 적들이 보입니다. 점수를 조금만 모아도 깰 수 있는 레벨 1에서는 작은 적들은 해치우지 않고 대충 넘어가도 괜찮습니다.

레벨 2 시작. 처음엔 괜찮은가 싶더니 서서히 적이 많아지기 시작합니다. 앞에서 처치하지 못한 적들이 서로 뭉쳐서 점점 덩치가 커집니다. 손대지 못할 만큼 적들이 커지고 맙니다. 레벨 2를 깨기가 어려워진다는 생각이 듭니다. 오도 가도 못하다가 게임 오버. 게임이 끝나버립니다.

수학을 잘하고 싶다면 한 단원 한 단원을 성실하게 배우고 익혀야 합니다. 초등 수학에서 절대적으로 중요한 부분은 선행이 아니라 철저한 '복습'입니다. 저는 학생들에게 단원평가에서 85점이 나오지 않으면 다음 단원으로 진도를 나가지 못하게 했습니다. 재시,

삼시, 사시까지 쳐가면서 그 단원을 철저하게 익힌 뒤에야 다음 단원을 배울 수 있게 몇 번이고 다시 가르쳤습니다. 이렇게 하면 잘 모르는 것을 잘 아는 것으로 착각하는 일이 없습니다.

복습은 가정에서 얼마든지 할 수 있고, 엄마표 공부로도 충분히 효과를 거둘 수 있습니다. 친구들보다 진도를 빨리 나가지 않는 것을 초조해할 필요 없습니다. 그보다 배우는 모든 단원에서 최고의 효과를 거둘 수 있도록 도와주시면 됩니다.

어떤 단원에서 어떤 문제를 내도 85점 이상 맞아야 합니다. 85점은 정말로 최소한의 성취기준이기 때문에 이 이상 맞으면 예습할 자격이 있는 것이라고 생각하면 됩니다.

수학 동화로 개념 익히기

수학 교과서를 공부하는 것 외에 아이의 수학 능력을 키워줄 수 있는 방법을 궁금해하시는 학부모님도 많습니다. 아이가 걸음마를 할 때부터 숫자와 친해지는 다양한 놀이, 수학과 관련된 책 읽어주기 등 여러 가지 방법을 동원했는데 아이가 전혀 관심이 없다고 하소연하시는 부모님들도 있지요.

저는 아이들이 다섯 살, 여섯 살 때 수학 동화를 전집으로 샀습니다. 아이들에게 수학적인 개념을 일찍부터 심어주면 좋지 않을까

막연하게 생각하고 샀는데, 아이들이 수학 동화를 전혀 좋아하지 않았습니다. 수학적인 개념과 수를 이해할 수 있을 때가 되어서야 수학 동화를 읽었습니다. 그러니 너무 일찍 수학 동화를 사서 읽히느라 고생할 필요가 전혀 없습니다. 수학적인 이해가 바탕이 돼야 수학 동화를 읽을 수 있습니다.

수학 동화를 읽는 자체만으로는 아이가 수학에 관심이 생기거나 수학적 이해가 쑥쑥 늘지 않습니다. 기본적인 개념 이해를 도와주는 차원에서 활용하시는 것을 추천합니다.

예를 들어 아이들이 가장 어려워하고 개념 이해를 잘 못하는 부분이 바로 분수입니다. 분수에서 잘 모르는 부분이 생기면 곧바로 나눗셈에 영향이 있습니다. 나눗셈은 다시 소수의 계산으로 이어지고요. 처음에 개념을 충분히 이해해야 하고, 분수의 덧셈과 뺄셈처럼 기본이 되는 부분을 잘 잡아주는 게 좋습니다.

교실에서도 이 중요하고도 어려운 분수를 수학 동화를 읽으면서 설명하니, 아이들이 훨씬 잘 이해했습니다. 수학 동화는 준비해뒀다가 엄마랑 같이 수학을 공부할 때 어려운 부분이 생기면 그때그때 읽히시는 게 좋습니다.

여기에서는 학급과 가정에서 유용하게 사용할 수 있는 수학 동화를 몇 가지 추천합니다. 아이의 나이와 활용 목적에 따라 선택해서 함께 읽어보세요.

유치원~저학년을 위한 책

기탄 수학동화 시리즈: 글밥이 많지 않고, 엄마와 함께 읽고 이야기 나눌 수 있을 정도의 가벼운 수학 개념들을 다루었습니다. 제가 자녀들에게 사준 책이기도 합니다.

개념을 잡아주는 책(1~2학년)

신통방통 수학 시리즈: 책 제목이 신통방통 분수, 신통방통 머리셈 연산 등으로 분류돼 있어서 아이가 부족한 부분을 파악하고 고르기 쉽습니다.

재미있게 읽을 수 있는 책(3~4학년)

수학유령 시리즈: 수학유령 시리즈는 아이들이 재미있게 보는 책들이라서 호불호 없이 잘 읽습니다. 교실에서 지켜봤을 때는『수학유령의 미스터리 탐정 수학』,『수학유령의 미스터리 암호 수학』 등을 특히 잘 읽었습니다.

고학년을 위한 책

수학동화 시리즈:『플라톤 삼각형의 비밀』,『피타고라스 구출작전』,『탈레스 박사와 수학영재들의 미로 게임』,『12개의 황금 열쇠』 등은 학생들이 무척 재미있게 읽었습니다. 수학 동화를 먼저 읽은 다음 수업 내용을 들어도 좋습니다. 복습할 때 읽어도 좋고요.

수학2 **암산하기**

준비물 연습장, 스마트폰 타이머 앱

 준비하기

1 오늘 공부할 내용에 대해서 미리 설명해 줍니다.

두 자릿수 곱하기 한 자릿수를 암산해 보자.
세 자릿수 나누기 한 자릿수를 해보자.

2 목표를 세워보세요.

오늘은 다섯 개 중에 세 개를 맞출 거야.

 활동하기

3 세 자릿수 나누기 한 자릿수, 두 자릿수 곱하기 두 자릿수, 두 자릿수 곱하기 한 자릿수 등을 문제로 내주세요.

4 암산하고 채점합니다.

두 자릿수 곱하기	암산하는 방법
3 6 × 7 2	(ㄱ) 36 곱하기 2를 계산합니다. → 72 (ㄴ) 36 곱하기 70을 계산합니다. → 2520 (ㄷ) 앞에서 나온 두 수를 합합니다. (ㄹ) 2592가 답이 됩니다.

5분 **정리하기**

5 틀린 문제는 다시 암산합니다.

6 점수와 시간을 기록합니다.

3

예습보다 복습이
중요한 수학

초등학교 6학년 수진이는 전국 상위 수학 경시 대회에서 상을 휩쓸던 아이였습니다. 어떤 문제에서도 막힘이 없었고, 기가 막히게 수학을 잘했습니다. 수진이 엄마를 만나기 전까지만 해도 당연히 수진이가 어릴 때부터 수학을 잘한 수학 신동일 줄 알았습니다. 수진이를 수학 잘하는 아이로 키운 비밀을 묻자, 수진이 엄마는 뜻밖의 대답을 해주었습니다.

"수진이가 어릴 때 수학을 싫어했어요. 남들은 숫자 감각을 타고난다는데, 수진이는 아닌 것 같더라고요."

"정말이요? 원래 잘한 줄 알았어요."

정말로 깜짝 놀랐습니다.

"수진이를 키워보니까 저도 알겠더라고요. 수학은 잘하는 머리, 못하는 머리가 따로 있는 게 아닌 것 같아요. 저는 어릴 때 수학을 정말 싫어했어요. 그런데 수진이가 수학을 싫어하는 걸 보니까 나중엔 엄마 닮아서 수학 못한다는 소리를 듣게 생긴 거예요. 이대론 안 되겠다고 생각했어요. 그래서 저하고 둘이서 집에서 하나하나 공부해 온 거예요. 아직 많이 부족하지만 그래도 이젠 수학을 좋아하니까 정말 다행이죠."

수진이 엄마 말에 따르면 4학년이 되자 수학이 확 어려워지더랍니다. 집에 와서 수학이 어렵다는 소리도 많이 하고, 수학이 싫다고 투덜대고 말이지요. 처음엔 다른 엄마들이 추천하는 유명 학원에 보내서 따로 레벨테스트를 받기도 하고, 문제집도 여러 가지로 사다가 풀게 했다고 합니다. 그런데 소용이 없었습니다.

고민 끝에 수진이 엄마가 도전한 방법은 복습이었습니다. 학원을 끊고 집에서 엄마와 같이 공부하는 철저하고도 완벽한 복습.

수진이가 집에 오면 수학 수업 시간에 선생님에게 배운 내용을 엄마가 되짚어 주었습니다. 기본부터 응용, 심화 문제집을 한 권씩 사다놓고 기초 유형의 문제를 먼저 풀게 했습니다. 기초 문제를 맞히면 비슷한 유형의 약간 어려운 문제가 나오는 응용 문제집의 문제를 풀었습니다. 응용 문제를 잘 풀면 다시 심화로 넘어가서 문제를 풀어보는데, 여기까지 혼자 힘으로 맞히면 통과. 어려워하거나 힘들어하는 부분이 있으면 무조건 다시 기초부터 풀기.

기초에서도 버벅대면 무조건 한 학년 아래 교과서를 가져다가 그 영역만 다시 공부. 이런 식으로 문제를 혼자서 풀 수 있을 때까지 몇 번이고 반복했다고 합니다.

얼핏 들으면 시간도 많이 걸리고 힘들 것 같지만, 진도를 나가는 공부가 아니라 부족한 부분을 채워가기 위한 공부였기 때문에 오히려 부담이 없었다고 합니다. 학교 진도가 빨라지면 따라잡느라 힘들지 않냐고 물었는데, 한번 더 예상 밖의 답이 돌아왔습니다.

"선생님, 그냥 꾸준히 하면 학교 진도나 시험 같은 거랑 상관없이 우리는 우리의 패턴으로 가게 돼 있더라고요. 그 흐름만 놓치지 않고 가면 돼요. 처음엔 시간이 좀 걸려요. 근데 할수록 시간이 줄어요. 나중엔 엄마가 시키지 않아도, 지켜보지 않아도 혼자 알아서 공부하더라고요."

수학은 앞에서 놓치고 지나오는 것이 없어야 합니다. 기초단계에서 어느 한 영역, 어느 한 부분이라도 잘 모르고 대충 넘어가면 그 기초 문제를 심화시킨 형태의 문제는 못 풉니다. 설사 운 좋게 한두 문제를 맞췄더라도 다음에 심화의 심화 문제가 또 나옵니다. 역시 못 풀죠. 이렇게 이어지면 나중에는 수학을 포기하는 아이가 되어버립니다.

수학 서술형 평가 대비하기

철저한 복습과 문제 풀이로 수학의 기초를 잡았다면 앞으로 아이는 답을 찾아가는 과정에 재미를 붙일 겁니다. 문제 풀이가 점점 쉬워지고 답도 곧잘 보이겠지요. 하지만 수학 문제는 단순히 답을 찾는 것만 있는 게 아닙니다. 서술형 평가도 있죠. 서술형 평가는 수학 문제의 정답을 맞히는 것과는 또 다른 영역입니다. 그렇다면 서술형 평가는 어떻게 공부해야 할까요?

초등학교에서 서술형 평가는 사실 단순합니다. 풀이 과정만 잘 써도 됩니다. 그러나 중학교에 진학하면 얘기가 다릅니다. 중학교에선 서술형 평가의 비율이 높아서 4지선다형 문제를 잘 풀고도 서술형 평가에서 점수를 못 받으면 성적이 잘 나오지 않습니다. 그제야 서술형 평가가 얼마나 중요한지 학부모도 학생도 깨닫게 됩니다.

서술형 평가는 정답을 맞히는 것만큼이나 풀이 과정 역시 중요하다는 것을 아이가 깨닫는 데에 초점을 두고 지도하시면 됩니다. 초등 수학에서는 연산이 가장 비중이 크기 때문에 정답이 바로 나오는 연산 문제를 주로 풉니다. 개념 이해와 원리 탐구가 시작되는 4학년 이상부터는 서술형 평가가 본격적으로 등장합니다. 어렵게 생각하지 말고, '왜 그렇게 답이 나왔을까 설명해 볼래?'라고 묻는 것이 서술형 평가라고 생각하시는 게 좋습니다.

한 문제를 풀어도 왜 그렇게 생각했는지 아이가 풀이 과정을 한 줄 한 줄 짚어서 설명할 수 있어야 합니다. 이렇게 지도해야 나중에 말 대신 수식으로 풀이 과정을 설명할 수 있습니다. 일주일에 한 번 정도만 시간을 내서 풀이 과정을 하나씩 짚어가면서 설명해 보게 하세요. 말로 설명하지 못하면 그 문제는 모르는 것과 같습니다.

수학3 도형이랑 놀기

준비물 점토, 성냥개비

2분 ·········· **준비하기** ··········

1 오늘 공부할 내용에 대해서 미리 설명해 줍니다.

평면도형을 만들어 보자.

15분 ·········· **활동하기** ··········

2 평면도형을 점토로 설명합니다. 점, 선, 면의 개념을 하나씩 설명해 주세요.

- **점:** 점은 크기는 없고 위치만 있는 거야. 이렇게 커다랗게 만들면 점일까, 아닐까?
- **선:** 수많은 점이 이어지면 그게 선이 돼. 구불구불해지면 굽어졌다는 뜻으로 곡선이라고 부르고, 반듯하게 휘어진 곳이 한 군데도 없으면 그건 반듯하다는 뜻으로 직선이라고 해.
- **면:** 길이와 폭만 있는 게 면이야. 선이 이동할 때 반듯하게 가면 평면이고, 만약 구부러지면 곡면이 되는 거야. 곡면은 나중에 배울 거야.
- **평면도형:** 이렇게 평면들이 모여서 만드는 도형을 평면도형이라고 해.

3 평면도형을 만들어봅니다. 점토를 뭉쳐서 점을 하나씩 만들면서 보여주세요.

- 점이 하나만 있으면 아무 것도 아니야. 이건 도형이라고 부르지 않아.
- 점이 두 개 있으면 뭘까. 이것도 아직 도형이 아니야.
- 삼각형은 점이 세 개, 선도 세 개, 면은 하나. 그래서 삼각형이야.

4 다른 도형(오각형, 육각형 등)은 아이가 직접 만들어 보게 합니다.

3분 ·········· **정리하기** ··········

5 오늘 점토로 공부한 내용을 엄마에게 설명해 보게 합니다.

CHAPTER
8

종합적 사고를 배우는
20분 사회 공부

핵심 개념과
전체 맥락을 함께 익히기

사회 과목이라고 하면 무엇이 떠오르시나요? 바로 '암기'입니다. 공부할 내용도 많고 외워야 할 부분도 많지요. 암기 과목이니까 무조건 다 외워야 한다고만 생각하기 쉽습니다. 그렇기 때문에 사회는 초등 아이들이 싫어하는 과목이기도 합니다.

전남교육정책연구소에서 2012년 전남 지역 초·중·고 141개 학교에 재학하는 학생 6,867명을 대상으로 교과 수업 실태를 파악하는 설문을 했습니다.

설문에 응답한 초등학생이 가장 싫어한 과목은 사회(57.3%)였습니다. 수학은 43.4퍼센트로 2위를 차지했습니다. 학생들은 사회 과목이 공부하기 어렵고(66.1%), 시험 성적이 잘 안 나와서(11.3%) 싫다고 답했습니다. 이 결과가 비단 전남 지역에만 해당하는 것은 아닐 겁니다.

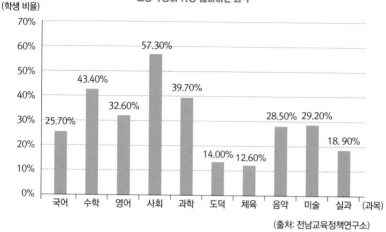

초등학생이 가장 싫어하는 과목

(학생 비율)

(과목)

(출처: 전남교육정책연구소)

사회는 나와 가족부터 시작해 우리나라와 세계까지, 매우 폭넓고 다양한 내용을 다루는 교과입니다. 개념을 이해하고 외우는 것도 중요하지만 그보다 먼저, 넓고 크게 생각하고 사회를 따뜻하게 바라보는 눈을 키워주셔야 합니다.

2015 개정 교육과정에서 초등 사회과의 교육 목표는 학생들이 주변의 사회 현상에 관심을 갖고, 생활에 관련된 기본적인 지식과 능력을 습득하고, 이를 자신의 주변 환경이나 문제에 적용할 수 있는 적극적인 태도를 기르는 데 있습니다.[14]

초등학교 사회과는 지리, 역사, 사회, 문화, 정치, 경제 등을 모두 다룹니다. 학년별로 어떤 내용을 배우는지 살펴볼까요?

2015 개정 교육과정 사회과 단원 구성 체계

학년	대주제	중주제
3~4학년	(1) 우리가 살아가는 곳	① 우리 고장의 모습 ② 우리가 알아보는 고장의 이야기 ③ 교통과 통신 수단의 변화
	(2) 우리가 살아가는 모습	① 환경에 따라 다른 삶의 모습 ② 시대마다 다른 삶의 모습 ③ 가족의 모습과 역할 변화
	(3) 우리 지역의 어제와 오늘	① 지역의 위치와 특성 ② 우리가 알아보는 지역의 역사 ③ 지역의 공공기관과 주민 참여
	(4) 다양한 삶의 모습과 변화	① 촌락과 도시의 생활 모습 ② 필요한 것의 생산과 교환 ③ 사회 변화와 문화 다양성
5~6학년	(1) 국토와 우리 생활	① 국토의 위치와 영역 ② 국토의 자연 환경 ③ 국토의 인문 환경
	(2) 인권 존중과 정의로운 사회	① 인권을 존중하는 삶 ② 인권 보장과 헌법 ③ 법의 의미와 역할
	(3) 옛 사람들의 삶과 문화	① 나라의 등장과 발전 ② 독창적 문화를 발전시킨 고려 ③ 민족 문화를 지켜나간 조선
	(4) 사회의 새로운 변화와 오늘날의 우리	① 새로운 사회를 향한 움직임 ② 일제의 침략과 광복을 위한 노력 ③ 대한민국 정부의 수립과 6.25전쟁
	(5) 우리나라의 성장	① 자유민주주의 발전과 시민 참여 ② 일상생활과 민주주의 ③ 민주정치의 원리와 국가기관의 역할
	(6) 우리나라의 경제 발전	① 경제 주체의 역할과 우리나라 경제 체제의 특징 ② 경제생활의 변화와 우리나라 경제의 성장 ③ 세계 속의 우리나라 경제
	(7) 세계의 여러 나라들	① 지구, 대륙, 그리고 국가들 ② 세계의 다양한 삶의 모습 ③ 우리나라와 가까운 나라들
	(8) 통일 한국의 미래와 평화	① 한반도의 미래와 통일 ② 지구촌의 평화와 발전

3~4학년군에서는 아이가 살아가는 지역 사회를 중심으로 배웁니다. 이 시기는 아이가 경험하는 세상이 아직 넓지 않고, 과거에 일어난 일을 이해할 만큼의 추상적인 사고력이 발달하지 않았습니다. 아이들 발달 수준에 맞게 사회 수업에서도 우리 고장 이야기, 내가 사는 지역, 우리 고장의 과거와 현재, 다른 고장(촌락이나 도시) 이야기, (고장을 이동할 때 사용하는) 교통수단 등을 배웁니다.

다소 생소한 내용이긴 해도 분량이 많지 않고 내용도 어렵지 않습니다. 아이가 알거나 듣고 경험해 온 고장과 지역만 수업에서 다루기 때문에 이 시기엔 아이들 입에서 사회를 싫어한다는 소리가 나오지 않습니다.

5~6학년군에 들어가면 본격적으로 사회다운 사회를 배우기 시작합니다. 이때는 가본 적 없는 곳(세계 여러 나라)을 공부해야 하고, 본 적 없는 과거(한국사)를 이해해야 합니다. 아이의 삶과 크게 관련 없어 보이는 일(정치, 경제)을 보는 눈도 필요합니다. 3~4학년 때의 현실적이고 경험 가능한 사고의 범위를 넘어서는 것입니다. 눈에 보이지 않는 것, 직접 볼 수 없는 것을 머릿속으로 이해하는 추상적인 사고력과 상상력이 뒤따라야 합니다.

사회 교과서는 생략하고 넘어가는 학습 용어나 개념이 많습니다. 교과서는 '학생들이 이 정도는 당연히 알 것이다'라고 생각하고 생략하는 것인데 막상 가르쳐보면 그 간단하고 쉬운 것조차 모르는 아이들이 매우 많았습니다. 그렇기 때문에 함부로 생략하거나 대충 넘어가는 식으로 공부해서는 따라잡기 어려운 과목이 사회입니다.

사회는 학년이 올라갈수록 점점 어려워집니다. 학습 내용도 많아질뿐더러 어지간히 공부해선 전체적인 맥락이 잘 잡히지 않습니다. 교과서에서 친절하게 설명해 주지 않는 부분까지 알아서 공부해야 하고, 놓치는 핵심 개념이 없도록 세부적인 것도 챙겨야 합니다.

사회를 잘하려면 이런 세부적인 부분과 전체적인 맥락을 함께 이해할 수 있도록 세심하게 지도해야 합니다. 사회는 사회적인 현상과 문제들을 종합적으로 판단하고 비판적으로 바라볼 수 있을 정도의 종합적인 사고력을 요구합니다. 며칠 몰아서 공부한다고 잘하는 과목이 아닙니다. 평소에 조금씩 공부하고 꾸준히 토론하면서 사회를 바라보는 비판적인 시각을 키워주는 게 좋습니다.

이 책에서는 아이들이 특히 어려워하는 '역사'를 위주로 어떻게 공부하면 좋을지 소개합니다. 전체 맥락을 파악하고 핵심 개념을 익힌다는 방법은 모두 동일하니 이 점에 유의하여 지도해 주세요.

마인드맵을 활용하면 역사가 한눈에 보인다

역사는 호불호가 확실한 분야입니다. 한국사를 배우는 수업을 좋아하는 아이가 있는가 하면, 학을 떼는 아이도 있습니다. 역사는 눈으로 볼 수 없는 과거의 것을 이해해야 하기 때문에 논리적인 사고력은 물론이고 창의적인 사고력과 상상력도 필요합니다. 아이가 어릴 때는 역사 이야기, 역사 인물, 역사 동화 등을 들려주는 것이 좋고, 본격적으로 한국사를 공부할 때는 좀 더 체계적으로 접근하는 게 좋습니다.

세민이는 제가 가르쳤던 학생 중에서 한국사에 독보적인 아이였습니다. 고려 시대 문화재를 소개하는 수업에서 세민이는 이런 발표를 했습니다.

"고려청자는 비색, 흔히 말하는 푸른색 때문에 인기가 높습니다. 중국 상인들은 물론이고 중국의 고위 관직자들도 고려청자를 좋아했는데, 이 또한 고려청자 특유의 비색 때문이었습니다. 고려청자의 푸른색은 당시 흙에 많이 들어 있던 인 성분 때문입니다. 인이 공기 중에 발화되면 푸른빛을 띠는 도깨비불이 됩니다."

교과서에는 청자 그림이 하나 덜렁 있는데, 세민이 혼자 그 많은 걸 공부해 온 겁니다. 역사학자가 꿈이었던 세민이는 대학도 역사학과로 진학했습니다. 본인이 워낙 좋아하는 과목이라 공부할 때 전혀 지루하지 않다고 하더군요.

역사를 공부할 때는 시간 흐름에 따른 굵직한 변화를 이해하는 게 좋습니다. 크고 굵직한 역사적인 흐름을 전체적으로 이해한 다음 세부적인 내용을 채우는 식입니다. 이게 한국사나 세계사를 공부하는 가장 정석적인 방법이지요. 조각가들이 굵은 철사로 뼈대를 먼저 만든 다음 그 위에 조금씩 찰흙을 붙여서 작품을 완성하는 것과 똑같은 이치입니다.

중학생들도 한국사를 배웁니다. 이때 배우는 한국사는 초등학교 때 배운 한국사보다 훨씬 자세하고 세밀합니다. 초등학교 시기에 역사적인 흐름을 잡지 못했다면 중학교 때 헤맬 수밖에 없습니다. 여러분은 '단군' 하면 무엇이 먼저 떠오르시나요? 대부분 홍익인간, 팔조법, 고조선 등이 주르륵 이어서 떠오를 겁니다. 이 역시 굵은 뼈대 위에 작은 지식들을 얹어놓았기 때문입니다.

마인드맵은 굵은 뼈대를 잡고 세부적인 지식을 얹어가는 데 유용한 학습법입니다. 영국 학자인 토니 부잔(Tony Buzan)이 1970년

대 초에 개발한 것으로, 인간 뇌의 특성을 최대로 활용한 공부법입니다. 한국사처럼 방대하고 엄청난 분량을 공부해야 할 때 마인드맵으로 지식을 범주화하면서 체계적으로 접근하면 효율적으로 재미있게 공부할 수 있습니다.

인간의 뇌는 어떤 사물이나 지식을 구분하고 분류해서 범주화하면 오래 기억한다고 합니다. 마인드맵은 이런 뇌의 특성을 활용해서 한국사의 큰 흐름에서 작은 줄기까지 모두 아우를 수 있도록 만들어 줍니다.

사회1 마인드맵으로 역사 공부하기

준비물 사회 교과서, A4 용지 한두 장

2분 ···················· 준비하기 ····················

1 사회 시간에 배운 내용을 교과서로 읽어봅니다.

고조선의 건국에 대해 알아보기

15분 ···················· 활동하기 ····················

2 배운 내용 가운데 핵심 키워드를 찾습니다.

고조선의 건국, 단군 신화, 문화와 발전 등

3 핵심 키워드에서 뻗어나온 가지를 그립니다.

문화와 도구 　　고조선　　 고조선의 건국 / 단군 신화

4 아래에 작은 가지들을 더 그려넣고 세부 내용을 채워갑니다. 문화와 도구에서 배운 것, 고조선의 건국과 관련해서 배운 것, 단군 신화와 관련해서 배운 것 등을 정리합니다.

문화와 도구 　　고조선　　 고조선의 건국 / 단군 신화 ─ 환인의 아들 환웅 / 호랑이 부족과 곰 부족 / 신단수 / 풍백, 우사, 운사

5 이어서 더 생각나는 내용이 있는지 살펴보고, 세부적인 내용들을 꼼꼼하게 정리합니다.

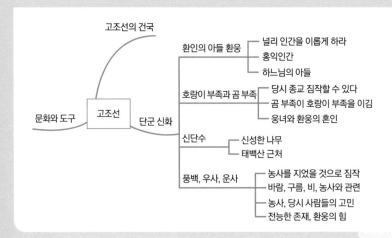

고조선의 건국

환인의 아들 환웅 ─┬─ 널리 인간을 이롭게 하라
　　　　　　　　├─ 홍익인간
　　　　　　　　└─ 하느님의 아들

문화와 도구　고조선　단군 신화

호랑이 부족과 곰 부족 ─┬─ 당시 종교 짐작할 수 있다
　　　　　　　　　　├─ 곰 부족이 호랑이 부족을 이김
　　　　　　　　　　└─ 웅녀와 환웅의 혼인

신단수 ─┬─ 신성한 나무
　　　　└─ 태백산 근처

풍백, 우사, 운사 ─┬─ 농사를 지었을 것으로 짐작
　　　　　　　　├─ 바람, 구름, 비, 농사와 관련
　　　　　　　　├─ 농사, 당시 사람들의 고민
　　　　　　　　└─ 전능한 존재, 환웅의 힘

3분　　　　　　　　　　**정리하기**

6 배운 내용을 마인드맵을 보면서 설명해 보게 하세요.

오늘은 단군 신화에 대해서 배웠어요. 환웅은 환인, 즉 하늘의 아들로 신성한 존재를 뜻합니다. 호랑이와 곰이 환웅과 결혼하고 싶어 했는데, 여기서 진짜 곰이나 호랑이를 뜻하는 게 아니니 호랑이 부족과 곰 부족의 여자로 이해해야 한다고 선생님이 설명했어요.

7 어려운 어휘나 핵심 개념어는 한번 더 짚어주세요.

홍익인간, 웅녀, 풍백, 우사, 운사 등

활동 TIP
마인드맵은 온라인 수업처럼 학생들이 수업에 집중하기 어려운 상황에서도 유용합니다. 수업 시간에 배운 내용을 마인드맵 한 장으로 요약해 보게 하세요. 수업에서 어떤 부분을 잘 배웠고, 어떤 부분을 잘 모르는지 한눈에 드러납니다.

3 비주얼싱킹으로 수업 내용 복습하기

비주얼싱킹(Visual-Thinking)은 그림과 글을 활용해서 생각을 정리해 커뮤니케이션에 활용하는 방법을 말합니다. 요즘 초등학교 수업에서 크게 인기를 끌고 있는 비주얼싱킹을 활용하면 어떤 과목이든 재미있게 공부할 수 있습니다. 비주얼싱킹은 생각을 그림으로 간단하게 표현하는 것이기 때문에, 그림을 잘 그리고 못 그리고는 문제가 되지 않습니다.

시각적인 자극에 빠르게 반응하는 초등학생의 특성을 생각해 보면 비주얼싱킹을 활용하는 공부가 더 오래 기억에 남을 수밖에 없습니다. 이런 점을 이용해서 요즘 매우 다양한 비주얼싱킹 공부법이 나오고 있습니다. 사회 과목 중 특히 한국사에서 유용하게 활용할 수 있습니다.

가정에서 지도하실 때는 비주얼싱킹으로 배운 내용을 복습하게 하면 좋습니다. 비주얼싱킹으로 표현하는 과정은 크게 네 가지로 볼 수 있습니다. 먼저 학습 주제를 정합니다. 가정에서는 '오늘 학교에서 사회 시간에 배운 내용'이 주제가 되겠지요. 다음으로는 주제와 관련된 핵심 키워드를 찾아봅니다. 수업 시간에 배웠던 것 중 가장 핵심이 되는 것이 키워드나 개념어가 됩니다.

다음 단계에서는 이미지로 나타냅니다. 막대기 같은 사람 모양도 좋고, 대충 그린 도형도 괜찮습니다. 중요한 것은 그림이 아니라 생각을 표현하는 과정에 있습니다. 필요하면 짧은 문장이나 단어로 내용을 추가적으로 설명합니다.

마지막으로 잘못 표현한 부분이 없는지 점검하고, 친구들에게

비주얼싱킹을 활용한 공부

용인 성지초등학교 3학년 이나율

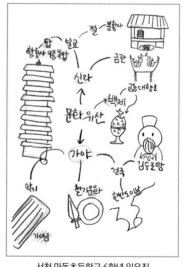

서천 마동초등학교 6학년 임유진

공유합니다. 가정에서는 비주얼싱킹으로 표현한 내용을 설명하게 하면 됩니다.

위 그림은 초등학교 저학년, 고학년 학생이 비주얼싱킹으로 학교 수업 내용을 복습한 자료입니다. 문장이나 글은 최소한으로 사용했고, 이미지에 초점을 두었다는 것을 알 수 있습니다. 학습만화나 유튜브 영상에 익숙한 요즘 아이들이 정말 좋아할 공부법이지요. 무료로 제공하는 자료도 많으니, 아이들과 재미있게 활용해 보세요.

이와 더불어 아이가 역사 공부에 점점 재미를 붙이고 있다면 학습 의욕을 자극할 수 있는 동기를 만들어 주시길 추천합니다. 초등학생이 배우는 사회에서 공부를 조금만 더 해도 한국사능력시험 3급을 볼 수 있습니다. 역사 공부를 좋아하는 아이라면 이런 시험도 좋은 동기 부여가 될 수 있습니다.

사회 2 비주얼싱킹으로 사회 공부하기

준비물 사회 교과서, A4 용지 한두 장

2분 ⋯⋯⋯⋯⋯⋯⋯⋯ 준비하기 ⋯⋯⋯⋯⋯⋯

1 비주얼싱킹으로 표현할 주제를 정합니다.

고려의 대몽항쟁

13분 ⋯⋯⋯⋯⋯⋯⋯⋯ 활동하기 ⋯⋯⋯⋯⋯⋯

2 교과서를 여러 번 읽어보고, 핵심 키워드를 찾습니다.

1차 침입, 강화도, 제주도, 배중손

3 이미지로 나타낼 부분을 선택하고, 그림으로 표현해 봅니다.

4 최소한의 문장과 글로 내용을 보충합니다.

5 다듬고 싶거나 보충이 필요한 부분이 있는지 확인합니다.

5분 ⋯⋯⋯⋯⋯⋯⋯⋯ 정리하기 ⋯⋯⋯⋯⋯⋯

6 완성한 비주얼싱킹 자료를 보면서 배운 내용을 설명해 봅니다.

활동 TIP
그림을 못 그려도 괜찮습니다. 배운 내용을 이미지로 표현하는 과정에서 한번 더 공부하는 데 목적이 있습니다.

토크스틱 대화로
생각의 폭 넓혀주기

사회는 사회 전체를 종합적으로 보는 매우 폭넓은 과목입니다. 우리가 살아가는 사회의 모든 현상과 문제가 모두 사회 공부와 관련이 있습니다. 평소에 아이와 다양한 주제로 이야기 나눠본다면 나중에 심화되는 사회 수업에서도 자신감 있게 공부할 수 있습니다.

사회를 공부할 때 토론과 토의는 필수적입니다. 다른 사람의 이야기를 듣고 내 의견을 말할 수 있어야 하지요. 그런데 아이들은 다른 사람의 말이 끝날 때까지 참고 기다리는 일을 잘 못합니다. 그렇다고 마냥 야단만 치거나 화를 낼 수는 없지요. 인디언들은 모여서 회의를 할 때 토크스틱을 활용해서 이야기를 한다고 합니다. 토크스틱은 이 스틱을 든 사람에게만 발언권이 있어서, 다른 사람은 토크스틱을 넘겨받을 때까지 그저 듣기만 해야 합니다.

토크스틱으로 대화하는 훈련을 하면 경청하면서 듣는 습관이 빠르게 잡힙니다. 자녀와 함께 토크스틱으로 이야기를 나눠보세요. 이때 자기 차례가 돌아올 때만 이야기하도록 해야 합니다.

대화를 풍성하게 만드는 토크스틱 말하기 주제

토크스틱 말하기에 익숙해지면 나중에는 아이들이 먼저 대화하자고 조릅니다. 다음에 소개하는 주제들은 하루에 하나씩만 이야기를 나눠도 대화가 점점 풍부해집니다. 나중에는 30분으로는 이야기를 다 나누지도 못할 만큼 많은 이야기를 나눌 수 있습니다. 가정이나 직장에서 자주 활용해 보시면 좋겠습니다.

1. 내 기분은 말이야
나는 이럴 때 서운해 / 고마워 / 미워 / 화나 / 속상해 / 기뻐 등

2. 그랬지 뭐야
나는 이걸 새로 알게 됐어 / 믿게 됐어 / 읽었어 / 말했어 / 들었어 등

3. 오늘은 말이야
이걸 배웠어 / 이걸 먹었어 / 이런 일이 있었어 등

4. 나에게 ○○이란?

나에게 가족이란? 나에게 학교란? 나에게 집이란? 나에게 어른이란? 나에게 꿈이란? 등

5. 이것만은 꼭 하고 싶어

내가 꼭 하고 싶은 일은? 내가 살고 싶은 집은? 내가 원하는 어린이날은? 내가 갖고 싶은 선물은? 등

6. 자유 주제

학교는 꼭 있어야 할까? 공부는 꼭 해야 할까? 책이 사라진다면? 생일에 선물을 하나도 못 받는다면? 엄마가 긴 여행을 떠난다면? 등

사회3 토크스틱 말하기

가족 전체가 돌아가면서 이야기하기 때문에 자칫하면 시간이 더 길어질 수도 있어서, 이 활동은 30분으로 구성했습니다.

준비물 토크스틱(아이스크림 막대 활용), 공책, 사인펜

 준비하기

1 공책과 색연필, 사인펜 등을 준비합니다. 원칙적으로 토크스틱을 손에 쥔 사람만 말할 수 있기 때문에 경청하는 태도가 자연스럽게 길러집니다.

2 오늘 이야기를 간단하게 정리할 서기와 이야기를 진행할 사회자를 정합니다. 가족이 돌아가면서 하면 좋습니다.

 활동하기

3 오늘 이야기 나눌 주제를 천천히 읽습니다. 만약 주제가 이성교제라면, 이성교제의 정의를 가족이 돌아가면서 내려봅니다.

"올바른 이성교제란 무엇일까?"
엄마: 남자와 여자가 사귀는 것
아빠: 남자와 여자가 교제하는 것
진우: 서로 다른 성이 사귀는 것

4 이성교제의 장점과 단점을 말해봅니다.

장점: 서로 다른 성이 만났으니 서로 다른 생각을 이해할 수 있다. 자연스러운 성장의 과정이다.
단점: 자칫 가족 사이에 비밀이 많아질 수 있다. 서로에게 상처받을 수 있다.

5 올바른 이성교제가 무엇인지 이야기 나눕니다. 이때 자연스럽게 부모가 바라는 이성교제의 원칙을 말합니다.

- 너무 늦은 시간까지 만나지 않는다.
- 가족에게 교제 사실을 공개하도록 한다.
- 가족을 우선에 둔다.

 4분 .... **정리하기** ....

6 오늘 나눈 이야기를 서기가 요약해서 쓰고 짧게 읽습니다.

7 사회자가 돌아가면서 소감을 말해보게 합니다.

CHAPTER

9

스스로 답을 찾아가는
20분 과학 공부

호기심을 채워주면
과학이 재미있어진다

　　어느 사설 교육업체에서 초등학생이 가장 좋아하는 과목을 조사했습니다. 초등학생 2만 2,088명을 대상으로 조사한 바에 따르면 초등학생이 가장 좋아하는 과목은 과학이었습니다. 저학년은 통합교과(51%)를 꼽았지만, 나머지 3~6학년 학생들은 과학(48%)을 가장 좋아하는 과목으로 꼽았습니다. 방과후학교 프로그램과 관련한 설문에서도 학생들은 과학이 가장 재미있다[15]고 대답했습니다.

　　반면 최근 온라인 수업 만족도를 조사했을 때는 과학 수업이 가장 만족도가 낮았습니다.[16] 실험도구를 직접 만지고 실험을 설계해서 진행하는 교실 수업과 달리 원격수업은 동영상으로만 이해해야 하기 때문입니다. 아이들은 직접 만지고 관찰하고 탐구하는 과정이 생략되는 과학 공부를 재미없어 하는 것입니다. 문제집만 풀고 책만 읽어야 한다면 과학이 가진 재미와 신비함을 아이들이 제대로 맛보기는 쉽지 않을 것입니다.

과학은 인류가 지난 역사에서 '왜 그럴까' 질문하고 답을 찾아온 내용을 다루는 교과입니다. 아이들이 가진 호기심과 창의력, 상상력이 빛을 발휘할 수 있는 흥미진진한 내용이 많지요.

초등 과학 교육과정에서는 물질, 에너지, 생명, 지구 등 네 영역을 배웁니다. 초등 과학과 단원구성표를 보면 서로 다른 네 영역으로 단원을 구성했음을 알 수 있습니다.

초등 3학년 1학기에서 물질의 성질을 배운 다음, 3학년 2학기에선 물질의 변화를 배우는 식이라 앞에서 잘 모르고 넘어가면 뒤에서 학습할 때 어렵습니다. 과학도 수학처럼 모든 단원이 서로 밀접하게 연계되어 있다는 것을 짐작할 수 있죠.

초등 과학과 단원 구성표

3학년 1학기	4학년 1학기	5학년 1학기	6학년 1학기
물질의 성질	지층과 화석	온도와 열	지구와 달의 운동
동물의 한살이	식물의 한살이	태양계와 별	여러 가지 기체
자석의 이용	물체의 무게	용해와 용액	식물의 구조와 기능
지구의 모습	혼합물의 분리	다양한 생물과 우리 생활	빛과 렌즈
3학년 2학기	**4학년 2학기**	**5학년 2학기**	**6학년 2학기**
동물의 생활	식물의 생활	생물과 환경	전기의 이용
지표의 변화	물의 상태 변화	날씨와 우리 생활	계절의 변화
물질의 상태	그림자와 거울	물체의 운동	연소와 소화
소리의 성질	화산과 지진	산과 염기	우리 몸의 구조와 기능
	물의 여행		

과학 교과서에 나오는 핵심 개념어는 빼놓지 말고 꼼꼼하게 공부하는 게 좋습니다. 예를 들어 교과서에 나오는 '고기압'이라는 단어를 단순하게 기압이 높다는 정도로만 알고 넘어가면 안 됩니다. 기압의 개념, 고기압과 저기압의 차이, 고기압이 생기는 원인, 그리고 고기압에서 날씨 변화 등으로 파생되는 공부를 해야 합니다.

초등학교 때 배운 학습 내용은 중학교와 고등학교 때 더욱 심화됩니다. 초등학교 때 과학적인 호기심과 흥미를 꾸준히 키워주어야 나중에 과학을 좋아하고 잘할 수 있습니다. 어릴 때부터 가정에서 실생활과 과학 현상을 연관 지어 '왜 그럴까' 자꾸 생각해 보고, 가능한 한 직접 실험해 보도록 하는 게 좋습니다.

이때 실험에만 초점을 두지 말고, 실험 과정을 기록까지 할 수 있도록 지도해 주세요. 어떤 과정으로 실험했는지, 실험에서 어려웠거나 잘 되지 않은 부분은 무엇인지, 어떤 부분이 이해가 안 되는지 등을 기록해 두는 것입니다. 이런 성공과 실패를 기록하는 과정에서 과학적인 사고력과 탐구 능력이 길러집니다.

과학이 즐거워지는 다양한 활동

요즘은 과학관에서 오프라인 체험학습은 물론이고 온라인으로 공부할 수 있는 프로그램도 많이 제공합니다. 과학관이나 학교 과학 동아리에서 활동해 보는 것도 아이가 과학을 좋아하고 즐기게 만드는 좋은 경험이 됩니다.

흥미로운 실험 영상을 보는 것도 좋습니다. 흥미로운 실험을 하는 방송 프로그램이나 〈동물의 세계〉처럼 유익한 과학 다큐멘터리도 많습니다. 이런 과정에서 자연과 과학의 밀접한 관계를 흥미롭게 바라보는 시각을 키울 수 있습니다.

초등학생이 참여해 볼 만한 과학 관련 대회도 다양합니다. 꼭 상을 타거나 과학고에 진학하기 위해서 대회를 준비할 게 아니라 과학을 더 깊이 공부하기 위한 과정으로 생각한다면 더 많은 것을 얻을 수 있습니다. 과학탐구 보고서를 쓰는 방법, 실험을 설계하고 검증하는 방법, 주변의 생활 현상이 과학적 원리와 어떻게 연결되는지 생각해 보는 탐구 과정 등을 하나하나 배울 수 있습니다.

전국 규모 대회로는 전국 과학전람회, 전국 학생발명품경진대회, 전국 학생과학탐구올림픽 등이 있습니다. 전국 과학전람회는 1979년에 시작해서 올해로 67회를 맞을 만큼 역사와 전통이 오래됐습니다. 전국 학생발명품경진대회도 올해 42회를 맞았습니다.

국립중앙과학관에서는 해마다 수상작들을 홈페이지에 올려두고 있으며, 수상작만 모아서 전시회도 엽니다. 아이들과 함께 전시회에 가보세요. 기발하고 재미있는 작품들이 많습니다.

전국 학생과학탐구올림픽은 탐구 주제를 해결해 가는 실험 과정 전반을 살펴봅니다. 탐구 계기, 설계한 실험, 세부적인 탐구 과정, 알게 된 것과 더 궁금한 것 등을 과학탐구 보고서로 작성해서 발표해야 합니다. 2020년에는 융합과학, 항공우주, 과학 토론, 메커트로닉스 영역이 대회 종목이었습니다. 대회에서 수상한 작품들을 알아보고 탐구보고서를 꼼꼼히 읽어보는 것만으로도 아이들이 배우고 공부할 부분이 무척 많습니다.

2

과학 공부는
올바른 질문에서 시작한다

과학은 다른 과목보다 '왜?'라는 질문이 더 중요한 과목입니다. 뉴턴이 떨어지는 사과를 보고 '왜 사과는 땅으로 떨어질까'라고 궁금해하지 않았다면 어떻게 됐을까요? '왜 그렇게 됐을까, 왜 그럴까, 왜 그래야 할까'에서 모든 과학이 시작됩니다.

아이들이 툭툭 던지는 질문 하나하나가 사실은 과학 공부의 시작입니다. 정말 소중하지요. 질문도 자꾸 해보고 연습해 봐야 잘할 수 있습니다. 특히 상대의 말을 잘 듣고 존중해야 좋은 질문을 할 수 있습니다. 평소에 가정에서 질문하는 방법이나 요령을 미리 지도해 두면 좋겠지요. 선생님에게는 수업 태도가 좋다는 칭찬을 받을 수 있고, 수업에도 더 자신감 있게 참여할 수 있으니까요.

단, 수업 시간에 질문할 때 주의할 점도 있습니다. 자칫 아무거나 생각나는 대로 마구 묻다가는 수업을 방해한다는 오해를 살 수도 있습니다. 저는 어렸을 때 질문이 너무 많아서 수업을 방해한다는 소리를 듣고 교실 뒤에서 손을 들고 서 있었던 적도 있습니다. 그때만 해도 질문은 무조건 좋은 것이라고 생각했고, 좋은 질문이 무엇인지 아무도 가르쳐주지 않았기 때문입니다.

질문의 질을 높이는 세 가지 방법

질문은 구체적이고 명확할수록 좋습니다. 교사들은 뭉뚱그려서 대충 묻는 것보다 구체적으로 콕 짚어서 묻는 걸 좋아합니다. 예를 들어서 '선생님, 물은 왜 끓어요?'라고 묻는 것보다 '선생님, 물은 100도에서 끓잖아요. 왜 100도에서만 끓어요?'라고 묻는 것입니다. 내가 알고 있는 것과 모르는 것을 정확하게 말해야 선생님도 정확하게 답해줄 수 있습니다.

여기에서는 질문의 질을 높이는 방법을 세 가지 소개합니다.

1_ 구체적으로 질문하기

지우 엄마, 달은 왜 모양이 달라져?

엄마 (질문 확인하기) 달이 왜 모양이 매일 달라지는지 궁금한 거야?

지우 응. 달은 매일 조금씩 달라지잖아.

엄마 (질문 격려하기) 달의 모양이 달라진다는 것은 사실 아주 어려운 내용이야. 나중에 배우는 거거든. 지우가 그렇게 어려운 내용도 궁금해하는구나.

(원하는 바를 이야기하기) 지우야, 질문할 때는 콕 찍어서 물어보는 게 좋아. 그러면 더 정확한 답을 들을 수가 있거든.

(함께 더 나은 질문 찾아보기) 방금 질문을 다른 걸로 바꿀 수 있을까? 바꾼다면 어떻게 해야 더 자세한 설명을 들을 수 있을까?

2_아무 때나 질문하지 않기

지우 (설거지하는 엄마에게) 엄마, 왜 달은 작아 보여?

엄마 (질문 확인하기) 지우가 달이 왜 작아 보이는지 궁금하구나?

지우 응.

엄마 (질문 격려하기) 지우가 달이 왜 작아 보이는지에도 관심이 있구나.

(공감하기) 엄마도 궁금한걸.

(상황 설명하기) 지우야, 그런데 엄마가 다른 일을 하고 있을 때 질문하면 엄마가 지우 질문에 집중하기가 어려워.

(원하는 바를 이야기하기) 조금 있다가 다시 물어볼래? 그때까지 혼자 인터넷으로 찾아봐도 좋고, 질문 공책에 적어둬도 좋아.

3_답을 스스로 생각해 보게 하기

지우 엄마, 개미는 다 작아?

엄마 (질문 확인하기) 지우야, 개미가 다 똑같이 작은지 궁금한 거야?

지우 응. 개미는 다 작은 것 같아.

엄마 (질문 격려하기) 지우가 개미 크기에 관심이 있구나.

(공감하기) 엄마도 궁금하네. 개미가 다 작은지, 아니면 큰 것도 있는지 말이야.

(답을 스스로 생각해 보게 하기) 지우 생각은 어때?

지우 다 작을 것 같아.

엄마 엄마 생각엔 개미가 큰 것도 있고, 작은 것도 있을 것 같아.

(해결 방법 찾아보기) 우리 같이 인터넷에서 찾아볼까, 아니면 백과사전을 찾아볼까? 어떤 방법이 좋을까?

(질문 공책에 정리하기) 우리 찾아보고 질문 공책에 정리하자.

질문하는 힘을 키워주고 싶다면 질문 공책을 활용해 보세요. 저학년을 담임했을 때 질문 공책을 활용했는데, 질문 마일리지를 주고 함께 답을 찾아보았더니 질문의 질이 눈에 띄게 좋아졌습니다. 처음엔 어떤 질문이 좋은지 잘 모르기 때문에 아무 질문이나 생각나는 대로 씁니다. 그러나 질문하고 답을 함께 찾아가면서 꾸준히 이야기 나누다 보면 질문의 질이 점점 높아집니다.

나만의 질문 공책 만들기

순	날짜	질문 내용	어떻게 해결했나요?
1	5/7	Q. 왜 계절이 달라질까? A. 지구는 태양 주위를 공전한다. 　지구의 위치에 따라서 계절이 달라진다. － 알게 된 것: ① 공전: 한 천체가 다른 천체 중력에 영향을 받아서 　일정한 주기로 도는 것 ② 지구의 공전 주기는 365.2564다. 　1년이 365일인 이유이다. － 더 알고 싶은 것: • 달이나 태양도 공전을 할까? • 계절이 없는 나라도 있을까?	엄마랑 인터넷으로 찾아보았다. 출처: 국립중앙과학관 사이트
2	5/8	Q. 해는 바라보면 눈이 부신데, 　달은 왜 눈이 부시지 않을까? A. 　－ 알게 된 것: 　－더 알고 싶은 것:	아직 해결 전이다.
3			

3

과학 공부에
꼭 필요한 과학 글쓰기

얼핏 생각하기에 과학은 글쓰기와 크게 관련이 없어 보입니다. 글을 쓰는 것은 문과 학생들에게나 해당하는 것이어서 이공계 학생은 글쓰기를 잘할 필요가 없다고 생각합니다.

우리가 생각하는 것과 달리 과학은 글쓰기와 관련이 깊습니다. 오래전부터 과학자들은 자연현상으로 존재해 오던 과학 원리를 탐구해서 이론으로 정립해 왔습니다. 과학자들은 자신이 밝혀낸 과학적 원리나 이론을 누구나 이해하기 쉽게 글로 설명해야 했습니다. 다른 학자들이 실험으로 검증해야 학문적 가치를 인정받을 수 있었으니까요.

과학자들에게 책을 쓰는 것은 자신의 이론을 대중과 학계에 알리는 작업입니다. 리처드 도킨스가 쓴 『이기적 유전자』, 스티븐 호킹이 쓴 『시간의 역사』 등은 과학을 전공하지 않은 사람도 읽는 대중서입니다. 과학자들이 이렇게 대중적인 이해를 돕는 글을 쓰지 않는다면 학문적인 성과와 과학의 이해가 대중에게 확산되고 공유되는 일도 없을 겁니다.

지금의 한국에서는 과학 영재 학생들조차 과학 글쓰기를 어려워하고 있습니다. 한 연구에서 중학교 과학 영재들의 글쓰기 특성을 분석[17]했습니다.

연구 결과, 학생들은 인터넷이나 매체에서 자주 보고 듣는 생활 과학이나 질병 등에 대해서는 논리적으로 쓸 수 있었지만, 생명 과학이나 생명 윤리에 대해서는 구성이나 전개를 매끄럽게 쓰지 못했습니다. 연구자들은 학생들이 평소 자신의 관점을 근거와 예시를 들어 설명하게 하는 교육이 필요하다고 지적했습니다.

과학 글쓰기도 다른 글쓰기와 마찬가지로 평소에 논리적인 말하기를 먼저 익히는 게 좋습니다.

> 나는 …… 을 …… 하다고 생각합니다.
> 첫째, …… 하기 때문이고,
> 둘째, …… 하기 때문입니다.

과학과 글쓰기가 거리가 먼 것처럼 여겨지는 풍토는 학문의 발전을 위해서라도 반드시 달라져야 할 부분이고, 실제로 서서히 변하고 있습니다. 현재 초등 과학과 교육과정에서 중요하게 다뤄지는 과학 글쓰기도 이런 추세에 따른 것으로 보아야 합니다. 앞으로는 어떤 과목이든 글쓰기로 공부를 심화한다는 생각으로 지도하세요.

과학 글쓰기는 과학적인 주제로 쓰는 글쓰기입니다. 어렵게 생각하지 말고, 쉬운 것부터 시작하세요. 과학 글쓰기를 전문으로 하는 한국지질자원연구소 최병관 작가의 말을 빌려보자면, 과학 글쓰기는 문학 글쓰기와 달라서 꾸준히 노력하면 누구나 잘 쓸 수 있답니다.[18]

일찌감치 초등학생 때 시작하는 만큼 재미있게 다양한 활동으로 이끌어주면 됩니다. 사소한 실험이어도 혼자 탐구하고 실험한 과정을 글로 써보게 하세요. 논리적이고 과학적인 사고력을 빠르게 키워줄 수 있습니다. 어떤 과학 문제집보다 공부에 더 효과적이고 효율적입니다.

나만의 과학 신문 만들기

신문 만들기는 초등학생이 가장 쉽고 자신 있게 해볼 만한 글쓰기 활동입니다. 기사문은 육하원칙을 이용하는 자세한 글쓰기를 가르치기에 가장 적합합니다. 한국어린이기자단에 가입해서 활동해보거나 학급 신문 만들기처럼 신문을 만드는 활동을 하는 것도 좋습니다.

과학 신문, 경제 신문, 역사 신문 만들기는 학생들이 흥미롭게 자료를 조사해서 기사를 작성할 수 있고, 더 많은 것을 탐구하고 공부할 수 있는 좋은 글쓰기 활동입니다.

국립대구과학관에서는 해마다 전국 학생들을 대상으로 과학 신문 공모전을 열고 있습니다. 2020년에는 초등학생 73팀(175명), 중학생 127팀(175명), 고등학생 85팀(221명) 등 총 285팀(747명)이 참여했을 정도로 호응이 뜨겁습니다. 해마다 전국학생과학신문공모전도 열리고 있으니, 가정에서 만든 과학 신문으로 응모해 봐도 좋겠지요.

2020년에는 조현우 학생(옥곡초등학교 4학년)의 'K-밥의 오늘'이라는 작품이 초등부 대상을 받았습니다. 조현우 학생은 '쌀농사를 하시는 외할아버지가 코로나19와 태풍으로 어려움을 겪으시는 모습을 보고 쌀에 관심을 갖게 됐다'고 했습니다. 주변에 있는 자연현상이나 과학적인 문제에 관심을 가지면 어떤 주제든 과학 신문으로 만들 수 있습니다.

신문에는 큰 테마가 있고, 그 밖에 자잘한 작은 테마가 있습니다. 과학 신문도 마찬가지입니다. 먼저 다룰 큰 주제를 하나 정합니다. 조현우 학생처럼 쌀과 밥을 주제로 할 수도 있고, 요즘 아이들이 좋아하는 AI나 드론, 로봇을 주제로 할 수도 있습니다. 한 번에 완성하려 하지 말고, 기사를 하나씩 마무리하는 식으로 차근차근 만드는 게 좋습니다.

과학 신문 예시

_____ 의 과학 신문: 복제인간, 어디까지 왔나 (제1호)		
유전자 조작, 무엇이 문제일까?	복제인간, 왜 안 될까?	발행인: 편집자: 도움주신 분:
		〈재미있는 과학 퀴즈〉 정답을 아시는 분은 이메일을 보내주세요.
아기 양 돌리는 누구?		우리 가족 과학 Talk! Talk!
	『복제인간 윤봉구』를 아시나요?	

과학1 과학 신문 만들기

준비물 4절지, 기사를 쓸 빈 종이, 주제와 관련한 사진 자료, 가위와 풀

 ············· **준비하기** ·············

1 어떤 과학 영역으로 신문을 만들지 정합니다. 물리, 화학, 생물, 지구과학 등 네 가지 기본 영역을 중심으로 천문, 과학자, 과학사, 생명, 과학 윤리 중 관심 있는 분야를 하나 고릅니다.

2 해당 영역에서 평소 관심이 많고, 흥미 있었던 세부 주제를 고릅니다. 예를 들어 생물 영역을 골랐다면, 이 가운데 유전자를 고르고, 다시 유전자를 이용한 복제인간으로 범위를 좁혀가는 식입니다.

 ············· **활동하기** ·············

3 고른 주제를 다룬 인터넷 기사 등 관련 자료를 네 가지 이상 찾아봅니다.

복제인간 관련 책이나 소설, 유전자 조작의 역사, 복제인간 어디까지 왔나 신문 기사 등

4 찾은 자료를 바탕으로 기사문을 씁니다. 기사문을 쓸 때 육하원칙에 근거해서 언제, 어디에서, 누가, 무엇을, 어떻게, 왜 했는지 등이 들어가도록 씁니다. 사진 자료를 구할 수 있으면 기사를 작성할 때 함께 활용합니다.

유전자 복제와 관련한 기삿거리:『복제인간 윤봉구』책 소개, 아기 양 돌리 이야기, 복제인간을 왜 못 만드는지 이유 설명 등

『복제인간 윤봉구』(글 임은하, 그림 정용환) 소개: 이 책은 초등 고학년용입니다. 윤봉구는 자신이 복제인간인 줄 까맣게 모르고 살다가 자신이 복제된 인간이고, 자신을 만든 사람이 엄마라고 불리는 과학자였다는 것을 깨닫게 됩니다. 그러면서 벌어지는 일들이 재미있지만 뜻깊게 다뤄지고 있습니다.

이 책을 읽으면서 나중에 복제인간이 정말로 만들어지면 어떤 일들이 벌어질까 생각해 보게 됐습니다.

사진 자료: 『복제인간 윤봉구』 표지 사진(자료 출처 밝히기)

 커다란 4절지에 완성된 기사를 붙입니다.

3분 ┈┈┈┈┈┈┈┈┈ **정리하기** ┈┈┈┈┈┈┈┈┈

6 느낀 점을 이야기 나눕니다.

7 다음에 이어서 기사를 작성할 수 있도록 자료를 잘 정리합니다.

쉽고 재밌는
과학탐구 보고서 쓰기

과학탐구 보고서는 틀이 거의 정해져 있습니다. 처음에는 이런 보고서 쓰기가 대부분 생소하지만, 몇 번만 써봐도 금방 익숙해집니다. 과학탐구 대회나 과학 토론 대회, 융합 과학 대회나 창의력 대회에서도 모두 비슷한 보고서를 요구합니다. 평소에 관심 있는 주제를 직접 실험하거나 자료를 찾아서 공부해 보고, 이 내용들을 모두 기록한다고 생각하면서 쓰면 됩니다.

과학탐구 주제로 적합한 것에는 무엇이 있을까요? 우리 생활에서 볼 수 있는 모든 궁금한 것들이 다 주제가 될 수 있습니다. 주변에서 쉽게 볼 수 있는 자연현상에 대해 '왜 그럴까' 생각해 보고 그것을 질문으로 만들어서 시작하는 게 좋습니다. 우리가 평소에 그냥 지나치기 쉬운 것에 '왜'라는 질문을 던지고 답을 찾아가는 과정이 과학탐구입니다.

2020년 전국 과학전람회 초등부 대통령상을 받은 작품(중모초등학교 6학년 손동균, 이태엽, 임현규 학생)의 주제는 "모기로 우화 도중 빠져나오지 못하는 장구벌레의 비밀은 무엇일까?"였습니다. 탐구 보고서에는 모기의 애벌레인 장구벌레가 우화되는 중에 빠져나오지 못하는 경우가 있어서, 왜 그럴까 궁금해 연구를 시작했다고 동기를 밝히고 있습니다.

연구 과정은 크게 세 가지로, 조사 및 사육을 통한 장구벌레의 생태적 특징 연구, 우화에 영향을 미칠 수 있는 장구벌레의 성장 요인 탐구, 장구벌레가 우화 도중 빠져나오지 못하고 실패하는 원인 탐구였습니다.

학생들은 연구 과정마다 실험을 했고, 실험하기 전에는 모두 가설을 세웠습니다. 예를 들면 영양 습득이 부족하면 우화에 실패할 확률이 높을 것이다, 유충의 밀도가 높으면 우화에 실패할 확률이 높을 것이다, 같은 가설입니다.

이렇게 한 가지 주제의 연구를 위해 다양한 가설을 세우고, 실험을 통해 검증을 하고, 연구의 결과를 도출해 가는 과정이 진짜 과학이고 탐구입니다.

요즘은 초등학생도 궁금한 게 있으면 인터넷에 묻습니다. 유튜브로 찾아보고, 포털사이트 검색을 몇 번 해보면 그게 답이라고 생각합니다. 물론 대부분은 근거 없는 얕은 지식이기 일쑤입니다. 이런 가벼운 답 찾기는 정보를 검색하는 능력을 향상시킬지는 몰라도 깊이 탐구하고 고민하면서 길러지는 과학적인 탐구 능력과 치열하게 고민하고 답을 찾아내는 비판적인 사고 능력을 키워주지는 못합니다.

과학탐구에 처음 도전하는 학생들은 평소 관심 있던 것을 주제로 삼아서 가볍게 관찰하고 기록하는 정도로만 해보고, 익숙해지면 좀 더 깊이 탐구할 수 있는 것을 찾아보면 좋습니다.

예를 들면 우리 집 금붕어의 호흡수는 기온에 따라 어떻게 달라질까, 비 오는 날 지렁이는 왜 바깥으로 나오는 걸까, 같은 주제가 있겠죠. 이때 주의할 점은 인터넷 검색 몇 번으로 답을 찾을 수 있는 문제보다는 직접 눈으로 관찰하고, 손으로 기록하고, 실험에 실패하거나 성공할 수 있을 만한 주제를 고르는 게 좋다는 것입니다.

과학탐구 보고서 작성 항목

① **탐구 주제**: 탐구 주제를 쓴다.

② **탐구 계기**: 탐구하게 된 계기를 쓴다.

③ **탐구한 날짜**:　년　월　일 ~　년　월　일

④ **탐구자**: 학교와 학년, 이름을 쓴다.

⑤ **탐구 과정**: 어떤 식으로 탐구했는지 쓴다.

⑥ **실험 1**: 가설과 실험 방법을 쓴다.

⑦ **실험 2**: 가설과 실험 방법을 쓴다.

⑧ **탐구로 알게 된 것**: 실험에서 어떤 결과가 나왔는지 쓴다. 실험을 몇 번 해서 어떠어떠한 과학적 데이터를 얻었다는 식으로 구체적이고 객관적인 내용을 정리한다.

⑨ **새로 알게 된 것이나 기대효과**: 탐구하면서 새롭게 알게 된 것은 무엇이고, 이 실험을 어디에 더 활용할 수 있을지 쓴다.

과학탐구 보고서 예시

① **탐구 주제:** 우리 집 금붕어는 기온에 따라 호흡수가 달라질까?

② **탐구 계기:** 우리 집에선 금붕어를 키운다. 어항에 있는 금붕어가 더운 여름에는 뻐끔거리면서 호흡을 자주 하는 것을 보았다. 더운 여름에 호흡을 많이 하면 추운 날에는 호흡을 적게 할까? 궁금해서 실험하게 되었다.

③ **탐구한 날짜:** 2021년 4월 1일 ~ 2021년 5월 10일

④ **탐구자:** 신선초등학교 5학년 김지우

⑤ **탐구 과정:** 금붕어가 있는 어항에 온도계를 설치하고, 기온을 달리하면서 호흡수 변화를 살펴보았다.

⑥ **실험 1:** 가설 – 온도가 올라가면 호흡을 많이 할 것이다.
실험 방법:
(1) 금붕어가 있는 어항에 온도계를 설치했다.
(2) 어항의 온도를 높이기 위해서 이불로 감쌌다.
(3) 타이머로 1분을 재는 동안 몇 번이나 호흡하는지 쟀다.
(4) 물의 온도가 20도일 때, 1분 동안 금붕어는 20회 호흡했다.

⑦ **실험 2:** 가설 – 온도가 내려가면 호흡을 적게 할 것이다.
실험 방법:
(1) 금붕어가 있는 어항에 온도계를 설치했다.
(2) 어항을 얼음이 들어 있는 수조에 넣어서 온도를 낮추었다.
(3) 타이머로 1분을 재는 동안 몇 번이나 호흡하는지 쟀다.
(4) 물의 온도가 10도일 때, 1분 동안 금붕어는 14회 호흡했다.

⑧ **탐구로 알게 된 것:**
(1) 금붕어는 어항의 온도가 20도일 때 호흡을 20회 했다.
(2) 금붕어는 어항의 온도가 10도일 때 호흡을 10회 했다.
(3) 금붕어는 온도가 낮을 때보다 높을 때 호흡을 더 많이 했다.

⑨ **새로 알게 된 것:**
실험 결과, 금붕어는 정말로 온도가 낮을 때보다 높을 때 호흡을 더 많이 한다는 것을 알게 되었다.

⑩ **궁금한 것과 더 알고 싶은 것:**
우리 집 금붕어 말고 다른 금붕어나 물고기도 그런지 궁금하다. 왜 물의 온도가 올라가면 호흡을 많이 하게 되는지 알아봐야겠다.

5

과학 토론으로
논리력 키우기

영화 〈데몰리션 맨〉(1993)을 아시나요? 이 영화의 주인공은 실베스터 스탤론으로, '스파르탄'이라는 이름의 경찰로 등장합니다. 이 영화는 독특하게도 냉동 감옥에 범죄자들을 가두는 미래 이야기를 다루고 있습니다. 2032년, 냉동 감옥에 가둔 범죄자 '피닉스'가 깨어나자 그를 잡기 위해 마찬가지로 냉동 감옥에 갇혀 있던 경찰 스파르탄을 깨우면서 시작되는 이야기입니다.

왜 느닷없는 냉동인간 이야기냐고요? 흥미롭게도 이 주제는 2019년 전라북도 과학 토론 대회에 출제되었습니다. 문제를 한번 볼까요?

> 미래 생명연장의 꿈을 실현시키기 위한 '냉동인간 기술'이 성공했다고 가정했을 때 '냉동인간 기술'의 장단점을 과학적 근거를 바탕으로 제시하고, 제시한 단점을 보완할 수 있는 과학적이고 창의적인 의견을 제시하시오.

냉동인간 기술이 성공한다면 인간의 생명을 연장할 수 있고, 가족이나 사랑하는 사람과 오래도록 함께할 수 있습니다. 물론 이 과정에서 윤리적인 문제가 발생할 것입니다. 이 기술에는 장점과 단점이 모두 존재합니다.

과학 토론은 이렇게 과학기술의 발달에 따른 장점과 단점, 또는 옳고 그름을 이야기하는 경우가 많습니다. 과학 토론을 잘하려면 먼저 토론하는 방법을 알아야 합니다. 토론은 내 의견 주장하기, 주장에 따른 논리적 근거 제시하기, 상대방 의견 주장하기, 상대방 의견에 논리적인 근거를 들어서 반박하기, 내 의견 정리하기가 큰 틀입니다.

과학 토론은 과학을 주제로 하기 때문에 문제에서 요구하는 과학적 배경지식이 많을수록 유리합니다. 평소에 과학 잡지나 신문, 책, 백과사전 같은 자료들을 다양하게 읽어두면 좋습니다.

2019년 전국 과학탐구대회 과학 토론 초등 부문에서는 녹조 현상과 관련한 문제가 나왔습니다. 문제에서는 당시 이슈가 되었던 8살 어린이의 녹조 문제 해결을 위한 아이디어를 소개하고 녹조 현상을 설명했습니다. 또한 이와 관련해서 녹조 현상을 해결할 수 있는 요인 가운데 하나를 고르고, 실험을 설계한 뒤 그 과정이 타당한지 과학적으로 토론하게 했습니다.

가정에서 과학 토론을 가르칠 때는 먼저 과학을 주제로 하는 여러 신문 기사와 책들을 함께 읽고 이야기 나눠보세요. 아이의 토론

능력을 사교육 없이도 얼마든지 키워주실 수 있습니다. 과학 토론의 주제가 될 만한 논제를 만드는 것부터 시작하시면 됩니다.

예를 들어 화장품이나 의약품을 개발하기 위해 인류는 수많은 실험을 하고 있습니다. 이 과정에서 동물실험으로 해마다 희생되는 동물만 해도 무려 400만 마리입니다. 이렇게 동물을 대상으로 하는 실험의 장단점은 무엇일까요? 이 실험의 과학적인 대안은 없을까요? 문제점을 가족이 함께 생각해 보고, 대안을 찾아보세요. 그 과정만으로도 과학 토론이 됩니다.

1회차에서는 토론 주제만 만들고, 2회차에서는 자료를 찾고, 3회차에서는 반박 자료를 찾고, 4회차에서는 자료를 정리하고, 5회차는 직접 토론을 하는 식으로 진행해 보세요. 토론이 준비에서부터 시작한다는 점을 자연스레 배울 수 있고, 단계별로 하나씩 따라 하기 때문에 쉽게 도전할 수 있습니다.

과학2 함께 과학 토론하기

준비물 신문이나 과학 잡지

5분 ··· **준비하기** ·································

1 과학 토론 주제를 정합니다. 평소 흥미가 있던 분야에서 키워드를 하나 정하고, 그 키워드로 논제를 만들면 더 쉽습니다.

- 동물 실험의 장단점을 말하고, 대안을 과학적으로 제시하시오.
- 우주 쓰레기의 문제점을 세 가지 이상 말하고, 해결할 수 있는 방안을 창의적으로 말해보시오.
- 지구 온난화의 가장 큰 원인이 무엇인지 찾아보고, 이를 막기 위해 실생활에서 동참할 수 있는 과학적이고 창의적인 아이디어를 세 가지 이상 제시하시오.
- 유전자를 조작하여 식량 생산을 극대화한 것은 옳은 선택일까? 이와 관련한 자신의 견해를 과학적인 근거를 들어서 말해보시오.
- AI와 인간의 바둑 대결에서 인간이 패했다. 앞으로 AI가 발달하였을 때 발생할 것으로 예상되는 문제점은 무엇이 있을까? 이 문제점을 해결할 수 있는 방안을 찾아보시오.
- 드론은 최근 어린이들에게도 매우 유행이다. 드론 사용이 개인에게 문제가 될 수 있는 부분은 무엇이며, 이를 해결할 수 있는 창의적이고 과학적인 방안은 무엇이 있는지 말해보시오.
- 로봇의 3원칙은 로봇에게 공정하다고 생각하는가? 만약 로봇이 스스로 로봇 3원칙을 고칠 수 있다면 어떻게 고칠 것 같은지 이야기 나눠보시오.

토론하기

2 고른 논제에 따라 각자 주장을 정합니다.

> **엄마:** 유전자를 조작해서 식량 생산을 늘리는 것은 옳지 않다고 생각해.
>
> **지우:** 유전자를 조작했지만, 식량 생산이 많아졌으니까 그만큼 인류에게 좋은 것 아닐까요. 나는 찬성해요.

3 각자 자신의 주장을 뒷받침할 수 있는 과학적인 근거를 발표합니다.

> **엄마:** 유전자 조작을 하게 되면 그만큼의 대가가 필요하다고 해.(주장) 신문에서 찾은 자료인데, 그렇게 해서 유전자 조작이 된 식물을 먹는 것은 인간에게도 좋지 않다고 해. 왜냐하면 인간의 유전자에도 영향을 미치게 되기 때문이야.(근거) 그래서 나는 유전자 조작을 한 식량 생산이 좋지 않다고 생각해.(다시 입장 정리)
>
> **지우:** 나는 유전자를 조작해서 식량이 부족한 나라의 식량문제를 해결한다면 그것이 크게 도움이 될 거라고 생각해요.(주장) 신문에서 찾았는데, 지금 식량문제를 겪고 있는 나라가 00개나 된대요.(근거) 이런 나라들에서 식량문제를 해결할 수 있다면 유전자 조작을 해도 괜찮다고 생각해요.(다시 입장 정리)

4 상대방에게 반박하는 질문이나 근거를 들어서 이야기합니다. 과학적이고 논리적인 근거가 될 수 있는 자료를 적어도 세 가지 이상 찾아야 합니다.

> **엄마:** 식량문제를 유전자 조작으로 해결한다고 했잖아. 그런데 실제로 꼭 그렇지만은 않아.(반박) 왜냐하면 식량문제를 겪고 있는 아프리카의 나라들은 유전자 조작이냐 아니냐의 문제가 아니라, 실제로는 내전이나 전쟁 때문에 굶주림을 경험하는 경우가 더 많대.(근거) 그러니까 굳이 유전자 조작을 할 필요는 없다고 생각해.(다시 입장 정리)
>
> **지우:** 아까 엄마는 유전자 조작을 한 식물을 먹으면 인간에게도 영향을 미친다고 했지만, 그렇지 않다는 자료도 있어요.(반박) 그러니까 유전자 조작을 한 식물을 먹는 것이 꼭 인간에게 피해를 주는 것은 아니에요.(반박 및 다시 입장 정리)

5 배운 점과 느낀 점을 말합니다.

엄마: 오늘 토론을 해보니까 유전자 조작이 인간에게 미치는 피해도 있지만, 식량 생산을 위한 데에 쓰면 좋을 수도 있다는 생각도 들었고. 엄마는 아직 유전자 조작에 반대하지만, 그런 부분은 앞으로 더 생각해 봐야겠어.

지우: 오늘 토론을 해보니까 유전자 조작이 인간에게 나쁜 영향을 줄 수도 있다는 것을 배웠어요. 앞으로 식량문제를 해결하기 위해서는 더 나은 방향이 무엇이 있을지 찾아보는 게 좋겠다고 생각했어요.

PART 04

마음이 건강하고 따뜻한 아이로 키우려면 스마트폰, 유튜브, 컴퓨터 게임 등 다양한 유혹에서 아이를 지켜내고, 즐거운 놀이로 가족과의 깊은 유대를 만들어 주어야 합니다. 하루 20분, 아이의 마음을 따뜻하게 열어주세요. 세상에서 가장 사랑스럽고 친절한 아이가 그곳에 있을 겁니다.

아이의
마음을 여는
시간

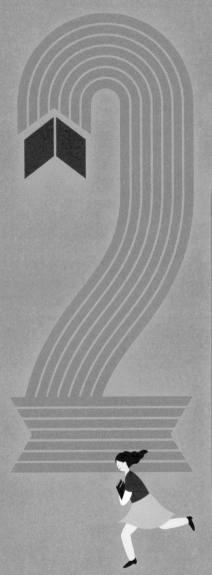

CHAPTER
10

스마트폰을 이기는
아이로 키우기

①
우리 아이를 지키는 미디어 리터러시

"선생님, 죄송합니다."

고개 숙인 아이들의 머리꼭지가 새까맸습니다. 학급 전체 학생 가운데 이미 3분의 2가 '야동'을 돌려본 뒤였습니다. 무려 17년 전 6학년을 담임했을 때 일입니다. 지금은 더하면 더했지, 덜하진 않을 겁니다.

최근에 아이가 몰래 가정에서 성인 음란물을 본다는 것을 엄마가 알게 되어 상담한 일이 있었습니다. 아이가 성인 음란물을 봤다는 것도 충격이지만, 이 일을 너무나 뒤늦게 알게 되었다는 사실에 엄마는 더 충격을 받았습니다. 겉보기에는 아무런 문제가 없어 보이던 아이였는데 사실 오랫동안 스마트폰으로 음란물을 보아왔다고 했습니다.

이런 일이 일부 특별한 가정에서만 일어나는 것일까요? 아닙니다. 어느 가정에서나 있을 수 있는 일이고, 어떤 아이에게나 일어날 수 있는 일입니다. 음란물은 너무나 자극적이기 때문에 한번 보게 되면 다음에 또 보고 또 보게 됩니다. 쉽게 중독되지요.

이런 문제가 생각보다 훨씬 더 흔한 일이라는 것을 염두에 두시고 지도하는 것이 예방 차원에서도 매우 중요합니다. 부모가 직접 미디어 리터러시를 교육하고 올바른 사용을 가르치지 않는다면, 어떤 가정에서든 이와 비슷한 일이 벌어질 수 있기 때문입니다.

요즘 아이들에게 유튜브는 정보의 바다이고, 온갖 이야기의 원천입니다. 이보다 재미있는 것도 없고 이보다 익숙한 미디어도 없습니다. 미디어의 어원은 '미디움(medium)'으로 '중간'이란 뜻입니다. 전문가들은 우리가 일상에서 경험하는 거의 모든 것이 미디어에 해당한다고 말합니다.[19]

미디어는 크게 활자매체, 음성매체, 영상매체로 나뉩니다. 활자매체는 책이나 신문, 잡지 등 활자로 경험하는 매체이고, 음성매체는 라디오나 팟캐스트처럼 소리로 경험하는 매체입니다. 유튜브, 영화, 애니메이션 등은 영상매체입니다. 집에 앉아서 지구 반대편에 있는 친구와 영상으로 통화할 수 있고, 유튜브에서 내가 좋아하는 가수의 노래를 감상할 수 있는 것도 모두 미디어 덕분이지요.

이렇게 사회 깊숙이 들어와 있는 미디어는 그만큼 아이들에게 미치는 영향이 큽니다. 유익하고 편리한 만큼 유해성 또한 크지요. 가짜 뉴스나 딥페이크 기술이 사기나 신종 범죄에 쓰이기도 하고,

텔레그램 N번방 같은 사건이 일어나기도 합니다.

미디어는 우리에게 너무나 익숙한 매체이기 때문에 미디어를 바르게 사용하고 정확하게 이해하는 능력인 '미디어 리터러시(media literacy, 미디어 독해 능력)'가 굉장히 중요합니다. 미디어에 숨어 있는 나쁜 정보를 가려내고, 차별과 편견을 심어주는 가짜 뉴스를 찾아내는 것이 바로 미디어 리터러시입니다.

우리나라는 세계 으뜸의 IT 강국입니다. 그렇지만 최근 세계 청소년들을 대상으로 디지털 문해력을 조사한 결과는 뜻밖입니다. 한국 청소년들의 디지털 정보 파악 능력은 OECD 평균에 한참 못 미

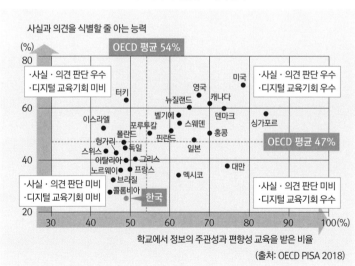

OECD 주요국의 디지털 정보 파악 능력

(출처: OECD PISA 2018)

치는 데다가 사실과 의견을 판단하지 못하는 것은 물론이고, 디지털 교육도 제대로 받은 적이 없었습니다.

이제 가정에서 글자와 숫자를 가르치듯 아이들에게 미디어를 읽고 쓰고 비평하는 방법을 가르쳐야 할 때가 왔습니다. 가정에서 꾸준히 시간을 내서 책을 읽고 독해하는 능력을 키워주듯 미디어를 비평하는 능력도 키워주셔야 합니다. 그렇지 않으면 무분별하게 인터넷이 주는 거짓 정보에 귀를 열고 마음을 여는 아이들이 자꾸만 생겨날 것입니다.

2

스마트폰 사용,
어떻게 지도해야 할까?

2019년 정보통신정책연구원 발표에 따르면 스마트폰을 가진 아이들 비율이 초등 저학년은 58.4퍼센트, 초등 고학년은 81.2퍼센트를 차지합니다. 이 수치는 학년이 올라갈수록 더 높아집니다. 중학생이 되면 95.9퍼센트, 고등학생은 95.2퍼센트에 이릅니다.

이제 스마트폰 사용에 대한 지도는 과연 해야 하는지 고민하는 단계를 넘어, 모든 가정에서 가장 시급하고 중요한 문제가 됐습니다. 세상에서 가장 편리하고 재미있는 게 스마트폰입니다. 모든 강력한 도구는 본래 양날의 검과 같습니다. 잘 활용하면 약이고 잘못 활용하면 독입니다.

스마트폰 사용을 지도하기에 앞서 부모님들이 스스로 생각해 보아야 할 일곱 가지 질문들을 모았습니다. 아래의 일곱 가지만 정확하게 체크해도 아이가 스마트폰을 현명하게 사용할 수 있도록 도울 수 있습니다.

1_ 디지털 룰, 부모에게도 적용하고 있는가?

아이를 가르칠 때 부모가 할 수 있는 최선의 방법은 모델이 되어주는 것이고, 가장 어리석은 방법은 '너는 똑바로 걸어라, 나는 옆으로 걸을 테니'처럼 행동하는 것입니다. 어떤 가정에서든 스마트폰을 사용하는 경우에는 반드시 가족 구성원 모두에게 똑같이 적용되는 디지털 룰을 정해놓고 함께 지키는 게 가장 좋습니다. 엄마든 아빠든 초등학생이든 고등학생이든 할 것 없이 말입니다.

디지털 룰은 디지털 도구를 사용할 때 지켜야 하는 최소한의 약속이고 규칙입니다. 디지털 도구는 원칙적으로 정해진 시간에만 사용하는 게 좋고, 어길 때는 페널티를 부여해서 식구들이 하기 싫어하는 집안일을 대신하게 하거나 벌점을 받는 식으로 제한하는 게 좋습니다. 스마트폰 사용 습관은 가족 구성원이 다 함께 지켜야 빨리 잡힙니다.

2_ 억지로 스마트폰을 뺏지 않았는가?

저는 대학 때 교양 과목으로 〈컴퓨터와 정보 활용〉이라는 수업을 들었습니다. 한컴 타자를 200타 이상 치고, 워드프로세서로 표와 그래프가 들어간 보고서를 작성할 수 있으면 A+를 받았습니다. 지금은 웬만한 초등학생도 할 수 있는 수준의 일이지만, 그때만 해도 성인인 대학생이 한 학기 동안 배웠던 수업 내용입니다.

어른 세대가 성인이 다 돼서 컴퓨터를 익힌 것과 다르게 우리 아이들 세대는 태어날 때부터 디지털 세상에서 살아갑니다. 열 명 중 아홉 명이 스마트폰을 보유한 세상에서, 아이들은 따로 배우지 않아도 이미 능숙하게 스마트폰을 다룹니다. 이런 까닭에 요즘 아이들을 디지털 네이티브라고 부릅니다.

디지털 네이티브에게 디지털은 문화이고 삶입니다. 스마트폰을 강제로 뺏는다고 문제가 곧바로 해결되지는 않습니다. 교실에 몰래 숨어서 스마트폰을 쓰는 아이들도 많습니다. 왜 몰래 숨어서 하냐고 물었더니, 엄마에게 걸리면 혼나기 때문에 몰래 숨어서 스마트폰을 하는 게 습관이 돼서 그렇다고 하더군요. 강제로 뺏는 것보다 잘 사용하는 습관을 들이는 쪽이 훨씬 효과적입니다.

3_ 유튜브에서 좋은 영상과 나쁜 영상을 구별할 수 있는가?

전문가들만 미디어를 만들어내던 과거와 달리 지금은 일반 사람들도 스마트폰 하나로 미디어를 생산해 냅니다. 회사원의 일상, 정육점 주인이 고기 굽는 모습, 십대들의 메이크업 방법 등은 수백만 명이 함께 즐기는 영상이 되었습니다. 이를 반영하듯 2019년 기준 초등학생 장래 희망 1위는 운동선수, 2위는 교사, 3위가 크리에이터(유튜버)입니다.

유튜브에 올라오는 하루치 동영상을 모두 보려면 꼬박 82년이

걸린다고 합니다.[20] 1분에 500시간 분량의 영상이 업로드된다고 하니 규모만 해도 어마어마하지요. 이 가운데는 유익하고 좋은 영상도 많겠지만 분명 그렇지 못한 것도 많을 겁니다. 이걸 가려내고 구분하는 기준을 아이 스스로 갖추는 게 무엇보다 중요합니다.

이때 영상이 유익한지 아닌지 구별하는 평가표가 있으면 좋습니다. 뒷장에 실은 평가표를 활용해 아이들이 보는 영상의 유익성을 평가하시길 추천합니다.

4 _ 아이가 어떤 영상을 자주 시청하는지 아는가?

텔레비전 프로그램은 하다못해 뉴스마저도 시청 연령을 표시합니다. 유튜브도 그러면 좋겠지만, 유튜브에는 연령 구분이 모호한 영상이 셀 수 없이 많습니다. 유튜브 크리에이터 스스로 아동용이냐 성인용이냐를 나누는 것만 믿어서는 안 됩니다.

유튜브 영상을 볼 때는 반드시 부모가 적극적으로 지도해야 합니다. 평소에 아이가 어떤 영상을 주로 보는지, 폭력적이거나 공격적이고 자극적인 영상을 보는 것은 아닌지, 음란물에 노출되는 것은 아닌지, 자주 살펴보셔야 합니다.

5 _ 스마트폰 활용 시간을 제한하는가?

스마트폰에서는 뇌를 깨우는 푸른 광선이 나온다고 합니다. 뇌를 잠들지 못하고 깨어 있게 하기 때문에, 밤에 잠자리에 누워서 스마트폰을 보다가는 자칫 한 시간이고 두 시간이고 계속 보게 됩니다. 이건 성인이나 청소년도 마찬가지고 초등학생도 마찬가지입니다. 잠자리에 들기 두 시간 전에는 스마트폰을 사용하지 않아야 합니다.

스마트폰을 쓸 때는 반드시 정확하게 시간을 정해놓고, 그 시간에만 쓰도록 엄격하게 제한해 주세요. 시청 시간 이외에는 상자에다 함께 집어넣거나 비행기 모드로 전환해서 아예 사용할 수 없는 게 낫습니다.

다만 스마트폰 활용 시간을 제한하는 데는 아이와 이야기를 나누고 함께 그 시간을 정하는 것이 중요합니다. 자신이 한 약속을 지키는 습관을 길러줄 수 있을 뿐더러 왜 스마트폰을 계속 쓰면 안 되는지 합리적인 이유로 설명해 주어야 더 잘 실천할 수 있습니다.

6 _ 지도에 일관성이 있는가?

식당이나 공공장소에 갈 때 혹시 스마트폰 먼저 챙기진 않나요? 잠깐 편하게 식사하기 위해 식당에서 스마트폰을 가지고 놀라고 한다면, 공공장소는 조용히 해야 하는 곳이니까 이어폰과 스마트폰을 허락해 준다면, 이 모든 지도는 도루묵이 되어버립니다.

그보다는 책, 스케치북, 색종이, 색연필, 스티커북을 가져가세요. 어렵게 정해놓은 디지털 룰은 한번 어기면 자꾸 어기게 됩니다. 지도에 한번 일관성이 무너져 버리면 결국 맨 처음으로 돌아가 다시 시작해야 합니다. 그땐 다시 지도하기가 더 어려워집니다.

7 _ 습관적으로 스마트폰을 사용하지 않는가?

　세상에 습관보다 힘이 센 것은 없습니다. 우리가 하는 행동의 대부분은 습관에서 옵니다. 습관처럼 아침에 일어나고, 습관처럼 잠자리에 들고, 습관처럼 밥을 먹고, 습관처럼 책을 읽습니다. 이 모든 것은 우리가 반복해서 한 행동들이 습관으로 굳어진 것입니다.

　스마트폰도 결국은 습관입니다. 자주 사용하면 할수록 스마트폰에 더 깊이 빠집니다. 부모가 그걸 내버려 두고 묵인하면서 아이의 행동을 더 강화해 왔을지도 모릅니다. 지금부터라도 습관을 지도한다는 생각으로 차근차근 해보세요. 목표를 1시간 또는 30분처럼 정확하게 세워놓고, 매일 조금씩 줄여서 나중에는 목표한 시간만큼만 사용하도록 하세요.

우리 가족 유튜브 활용 평가표

영상 시청 날짜 : 2021년   월   일
영상 시청자 :

주제	오늘 어떤 영상을 보았는지 이야기 나눠보세요	별점 주기
좋은 영상 가려내기	이 영상은 유익한 영상이었나요?	☆☆☆☆☆
	이 영상이 좋았다면 이유는 무엇인가요? 나빴다면 그 이유는 무엇인가요?	☆☆☆☆☆
	왜 그렇게 생각하나요?	☆☆☆☆☆
	이 영상을 어떤 친구에게 추천하고 싶은가요? 왜 그렇게 생각하나요?	☆☆☆☆☆
제목과 댓글 살펴보기	이 영상의 제목은 적절한가요? 그렇지 않다면 무슨 까닭인가요?	☆☆☆☆☆
	이 영상에서는 댓글들이 적절한가요? 그렇지 않다면 무슨 까닭인가요?	☆☆☆☆☆
	이 영상은 제목과 잘 어울리나요?	☆☆☆☆☆
	이 영상의 제목을 어떻게 바꿀 수 있을까요?	☆☆☆☆☆
영상에 쓰인 용어 살펴보기	이 영상에 비속어가 나오나요?	☆☆☆☆☆
	영상에서 비속어가 나오면 어떤 생각을 하나요?	☆☆☆☆☆
	이런 용어들을 자주 쓰는 유튜버를 보면 어떤 생각이 드나요?	☆☆☆☆☆
	평소에 이런 용어들을 따라해 본 적이 있나요?	☆☆☆☆☆
	이런 말은 시청자에게 어떤 영향을 준다고 생각하나요?	☆☆☆☆☆
영상 시청 시간 성찰하기	하루에 영상을 시청하는 시간이 어느 정도가 적당하다고 생각하나요? 왜 그렇게 생각하나요?	☆☆☆☆☆
	나는 오늘 어느 정도 영상을 시청했나요?	☆☆☆☆☆
	내가 시청한 영상 시간은 적절했나요?	☆☆☆☆☆
	적절하지 않았다면 내일은 어떻게 해야 할까요?	☆☆☆☆☆
	영상 시청 시간을 지킬 방법은 무엇이 있을까요?	☆☆☆☆☆

스마트폰을 현명하게
사용하기 위한 비평 활동

"선생님, 제 꿈은 유튜브 크리에이터인데요. 조회 수를 높이려면 일단 제목이 멋있어야 돼요. 제목이 사람들을 확 잡아끄는 게 있어야 하거든요. 중요한 건 내용보다 조회 수예요. 영상은 다른 사람 거 가져다가 대충 베껴도 돼요."

최근 진로 교육 강연에서 유튜브 크리에이터가 꿈인 아이에게 들은 이야기입니다. 제목이 내용보다 중요하고 조회 수를 높일 수 있다면 다른 사람의 것을 베껴도 괜찮다는 생각을 하게 된 까닭이 무엇일까요? 아이의 잘못이라기보다는 적절한 미디어 리터러시 교육이 되지 않았기 때문입니다.

수업 시간에 책을 읽고 비평하는 활동을 하듯이, 미디어도 비평하는 활동을 해보는 게 좋습니다. 그래야 아이들에게 좋은 미디어, 나쁜 미디어를 가려내는 눈이 길러집니다. 가장 먼저는 내 주변에서 떠돌아다니는 정보가 모두 사실이 아니라고 의심해 보는 것부터 시작하세요. 유튜브에서 본 정보가 모두 사실이라고 믿기 쉬운 아이들에게 이것이 모두 사실이 아닐 수도 있다고 의심해 보고 한번 더 고민해 보게 만드는 것이야말로 미디어 비평의 시작입니다.

특히 SNS는 미디어에 무분별하게 빠져들게 할 만큼 아이에게 강력한 영향을 미칩니다. 아직 조절 능력이 충분히 길러지지 않은 아이들에게 중독을 일으키고, 좌절과 우울감을 느끼게 만들기도 합니다.

사춘기가 시작되는 초등 4학년만 되어도 아이들에게 친구의 존재는 엄청나게 중요해집니다. 과거에는 친구와 직접 만나서 놀고 대화하고 떠들며 관계를 맺었지만, 이제는 SNS 메신저로 이야기를 나누고 인터넷을 이용해서 놉니다. 스마트폰 세계는 아이들에게 또 다른 하나의 학교이고 놀이터이지요. 당연히 현실 세계와 마찬가지로 싸움도 일어나고, 갈등도 생기고, 폭력과 왕따도 존재합니다. 이걸 미리 교육하고 지도하지 않으면 어떤 일을 어떻게 겪을지 부모는 장담조차 할 수 없습니다.

전문가들은 어린이들이 SNS를 그냥 사용하게 내버려 두어서는 안 된다고 지적합니다. 가천대 길병원 정신건강의학과 배승민 교수는 어린 학생들은 조작된 게시물을 의심하고 판단하는 능력이 부족해 거짓을 진실로 믿고 박탈감을 느끼거나 그대로 행동해야 한다는 압박감을 느낄 때도 있다고 설명했습니다.[21]

스마트폰을 사용하는 시간과 원칙을 정해놓듯이 SNS도 미리 부모와 아이가 사용 원칙을 정해놓는 것이 좋습니다. 스마트폰 사용을 피할 수 없다면 제대로 쓰도록 지도하는 것이야말로 무엇보다 중요한 일이겠지요.

좋은 정보와 나쁜 정보 구분하기

한국언론진흥재단에서 제안하는 뉴스와 온라인 정보 바로보기 가이드는 크게 세 가지입니다. 첫째, 웹 주소를 자세히 봅니다. 도메인이나 기관과 조직명에 해당하는 웹 주소가 정확한지 살펴봅니다. 둘째, 제목을 주의 깊게 봅니다. 선정적이거나 자극적으로 제목을 지은 것은 아닌지 한번 더 생각해 봅니다. 셋째, 작성자 정보를 확인합니다. 작성자의 이름이나 이메일 등 기본적인 정보가 정확한지 살펴봅니다.

생각보다 간단하지요? 하지만 이렇게 매우 기본적인 정보부터 한번 더 꼼꼼하게 살펴봤을 때와 그렇게 하지 않았을 때는 정말로 큰 차이가 납니다. 아이들이 스마트폰을 사용할 때 어떤 앱을 주로 이용하고, 사용 시간은 얼마나 되는지, 어떤 영상을 주로 보는지 알고 계신가요? 아이와 함께 웹 주소도 살펴보고, 제목도 다시 읽어보고, 작성자의 정보도 다시 한번 꼼꼼히 살펴보세요.

아이와 함께 스마트폰으로 인터넷 기사를 읽고 가짜 뉴스와 진짜 뉴스를 판별하는 눈도 길러주시고, 영상을 직접 비평하는 힘도 키워주세요. 적극적으로 부모가 개입해서 함께 미디어를 비평하려고 노력해야 합니다.

이 장에서는 가정에서 아이와 함께 할 수 있는 세 가지 미디어 비평 활동을 소개합니다.

첫째, '제목 살펴보기'입니다. 인터넷 기사나 유튜브 영상은 시청자를 잡아끄는 자극적이거나 불필요한 단어, 과장된 제목을 일부러 사용하는 경우가 많습니다. 이때 시청자가 제목과 영상의 연관성을 제대로 따져서 보는 비판적인 시각이 필요합니다. 꾸준히 지도하시면 유해한 영상과 기사를 아이가 먼저 스스로 걸러내는 필터를 갖출 수 있습니다.

둘째, '기사 읽고 비평하기'입니다. 단순히 기사를 읽고 넘어가는 식이 아니라 좀 더 깊이 있게 이해하고 날카롭게 살펴보는 눈을 길러줄 수 있습니다. 또한 기사에서 말하고자 하는 바를 파악할 수 있어 문해력을 기르는 연습을 할 수 있습니다.

셋째, '댓글 살펴보기'입니다. 인터넷 신문 기사나 유튜브 영상에는 댓글 기능이 있습니다. 여론을 읽을 수 있다는 좋은 점도 있지만, 어떤 이가 댓글을 달았는지 알 수 없다는 익명성을 핑계로 다른 사람을 무분별하게 공격하는 일도 자주 벌어집니다. 정말로 안타까운 일입니다. 댓글의 순기능과 역기능을 아이와 함께 알아보고 이야기 나눠보면 좋겠지요.

특히 '질문 카드'를 이용하면 미디어를 읽는 아이들의 눈을 키워줄 수 있습니다. 미디어 활동을 하기에 앞서 질문 카드를 먼저 만들어 보세요. 비평 활동이 한층 더 쉬워집니다. 아이들과 함께 영상이나 기사를 시청한 다음 나눌 수 있는 다양한 질문을 명함 크기의 종이에 쓰면 됩니다.

질문 카드 예시

이 영상이나 기사를 보고 무엇을 알게 되었는지 설명해 볼래?	이 영상이나 기사에서 다루고 있는 주제는 무엇일까?
이 영상이나 기사는 몇 살이 시청하는 게 적당할까? 그렇게 생각하는 이유가 무엇이니?	이 영상이나 기사를 누구에게 추천해 주고 싶니? 왜 그 사람에게 추천해 주고 싶니?
이 영상이나 기사의 출처는 어디일까? 믿을 만한 출처(연구소, 공공기관, 정부부처 등)라고 할 수 있을까?	이 영상이나 기사는 믿을 만한 이야기일까? 그렇게 판단하는 이유는 무엇이니?

이 영상이나 기사에 달린 댓글들이
적절하다고 생각하니?
어떤 댓글을 달고 싶니?

이 영상이나 기사에서 주인공이
한 행동은 잘 한 것일까?
문제가 있다면 어떤 것이 문제가 될까?

이 영상이나 기사가
시청자에게 주는
가장 큰 영향은 무엇일까?

이 영상이나 기사의 제목은
적절하다고 생각하니? 문제가 있다면
어떤 부분을 고치고 싶니?

이 영상이나 기사의 제목은
어떤 느낌을 주니?

비슷한 제목의 기사나 영상에는
어떤 것이 있을까? 더 찾아보자.

미디어1 가사나 영상의 제목 살펴보기

준비물 3~5분 길이의 영상 혹은 인터넷 신문 기사, 질문 카드

2분 ·········· **준비하기** ··········

1 유튜브에서 아이가 좋아하는 주제와 관련된 영상 또는 인터넷 신문 기사를 찾습니다.

5분 ·········· **시청하기** ··········

2 함께 영상을 시청하거나 인터넷 신문 기사를 읽어봅니다.

10분 ·········· **이야기 나누기** ··········

3 질문 카드로 이야기 나눕니다.

- 이 영상(기사)의 제목은 적절하니?
- 제목을 고친다면 어떻게 고치고 싶니?
- 비슷한 제목의 다른 영상(기사)은 없을까?
- 이 영상(기사) 제목은 시청자에게 어떤 느낌을 줄까?

3분 ·········· **정리하기** ··········

4 별점으로 기사나 영상을 평가해 보세요.

5 느낀 점이나 이야기 나눈 부분을 댓글로 아이와 함께 달아보세요.

미디어2 기사 읽고 비평하기

준비물 2,000자 이하 신문 기사, 질문 카드

2분 ──────── 준비하기 ────────

1 신문에서 아이가 관심 있는 주제의 기사를 찾습니다.

5분 ──────── 기사 읽기 ────────

2 함께 기사를 읽습니다.

10분 ──────── 이야기 나누기 ────────

3 기사 내용과 관련해서 질문 카드로 이야기 나눕니다.

- 이 기사의 제목은 적절하니?
- 이 기사를 읽고 무엇을 알게 되었니?
- 이 기사가 다루고 있는 주제는 무엇일까?
- 이 기사는 어떤 독자에게 도움이 될까?
- 이 기사를 읽을 수 있는 독자는 몇 살부터일까, 왜 그렇게 생각하니?
- 이 기사에서 알게 된 것을 한 문장으로 나타내면 무엇일까?
- 왜 이런 일이 벌어졌다고 생각하니?

3분 ──────── 정리하기 ────────

4 별점으로 기사를 평가해 보세요. 중요한 정보를 잘 전달했는지, 말하고자 한 핵심이 명확하게 드러나는지 등을 평가해 보세요.

5 이야기 나누고 느낀 점을 아이와 함께 댓글로 달아보세요.

미디어 3 댓글은 소중해

준비물 3~5분 길이의 영상, 질문 카드

2분 ·········· 준비하기 ··········

1 유튜브에서 아이가 처음 보는 주제의 영상을 찾습니다.

5분 ·········· 댓글 읽기 ··········

2 아이에게 댓글을 먼저 10개 정도 읽어보게 합니다.

3 댓글을 보고 질문 카드로 영상 내용을 추측해 보게 합니다.

10분 ·········· 이야기 나누기 ··········

4 댓글 내용과 관련해서 질문 카드로 이야기 나눕니다.

- 이 영상에 달린 댓글을 읽어보니까 어떤 느낌이 드니?
- 어떤 생각을 가진 사람이 쓴 댓글인지 짐작할 수 있겠니?
- 사람들은 왜 이런 댓글을 달았을까?
- 댓글을 보고 이 영상의 내용을 짐작할 수 있겠니?
- 기사 제목과 댓글에서 하는 이야기가 잘 어울리니?

5분 ·········· 정리하기 ··········

5 영상을 시청합니다.

6 기사에 달린 댓글이 바람직한지 이야기 나눕니다.

7 느낀 점을 이야기 나누고 글로 옮겨 쓰세요.

4

엄마랑 아이가 함께 크리에이터 되기

2017년 EBS에서 초등학생 2,017명에게 '닮고 싶은 사람'을 설문했습니다. 이때 1위는 피겨 스케이팅 선수 김연아, 2위는 세종대왕과 개그맨 유재석이었는데 3위는 놀랍게도 유튜버 도티였습니다. 참고로 4위가 이순신 장군, 5위는 문재인 대통령이었습니다. 아이들에게 유튜브의 영향이 얼마나 큰지 짐작하실 수 있겠지요.

2019년 교육업체 아이스크림에듀에서 초등학생 5,937명을 대상으로 조사한 바에 따르면 초등학생 사이에서 가장 유행한 앱은 틱톡이었습니다. 틱톡은 1분짜리 짧은 동영상을 공유하는 앱입니다. 요즘 초등학생치고 틱톡을 모르는 아이는 거의 없습니다. 길고 지루한 걸 싫어하는 아이들에게 1분짜리 재미있는 영상은 몹시 매력적입니다.

디지털 세대 아이들에게 영상은 말이나 글보다 훨씬 영향력이 큽니다. 글쓰기나 말하기를 가르치듯이 영상으로 자신을 표현하는 것 역시 가르쳐줘야 합니다. 영상은 말처럼 한번 스쳐 지나가는 것으로 끝나지 않기 때문입니다. 한번 제작되어 온라인 플랫폼에 올라간 영상은 두고두고 세상에 남아서 많은 이에게 회자되지요.

SNS상에 있는 영상에는 선한 것도 있고, 그렇지 않은 것도 있습니다. 남에게 좋은 영향을 오래도록 끼치는 선한 영상이 있는가 하면, 많은 이에게 오래도록 해악을 끼치는 나쁜 영상도 있습니다.

아이들이 어떤 영상을 만들어내고 있는가에 관심을 갖는 것은 이제 선택이 아닌 필수입니다. 교사와 부모 모두 적극적으로 아이들의 영상 제작에 관심을 갖고 함께 참여하는 수밖에 없습니다. 그래야만 우리 모두를 위해 디지털 세상을 선하고 따뜻하게 만들어갈 수 있습니다.

아이와 함께 건강한 영상 만들기

올바른 미디어를 가려 읽고 이해하는 것처럼 영상을 만드는 것도 지도해야 하고, 신중하게 가르쳐야 합니다. 여기에서는 크게 '제작 준비, 제작, 업로드' 3단계로 나누어 설명했습니다. 부모가 아이와 함께 세상을 이롭게 하는 따뜻한 크리에이터가 되어주신다면 더 바랄 게 없겠죠.

가정에서 쉽게 따라 할 수 있도록 스톱모션 기법과 모션 포트레이트 앱, 키네마스터 앱을 활용해 영상을 만드는 방법을 소개합니다.

첫째, 스톱모션 기법은 움직임이 없는 물체를 조금씩 움직여 가면서 컷을 촬영하고, 나중에 하나로 쭉 이어 붙여서 마치 움직이는 것처럼 보이게 하는 영상 제작 방법입니다. 아이들이 좋아하는 아이클레이로 점토 인형을 만들고 서로 상황극을 하는 것처럼 제작해 봐도 좋습니다. 엄마가 인형을 움직이고 아이는 사진을 찍는 식으로 역할을 나누어서 촬영하면 아이가 더 좋아합니다.

스톱모션은 상당히 긴 시간이 필요한 작업입니다. 몰아서 촬영을 한 번에 끝내는 것보다 하루에 20분씩만 촬영하는 게 좋습니다. 그래야 다음 촬영일을 기다리는 재미가 있으니까요. 1주일이나 2주일 정도로 촬영 기간을 길게 잡고 매일 조금씩 무대를 꾸며가면서 촬영해 보세요.

둘째, 모션 포트레이트는 사진이나 그림에 효과를 줘서 움직이는 것처럼 만들어 주는 앱입니다. 사용법도 매우 쉬워서 다양하게 응용할 수 있습니다.

셋째, 키네마스터는 초등학생은 물론이고 성인 초보자도 영상을 쉽게 편집할 수 있게 도와주는 앱입니다. 유튜브 영상 편집에도 자주 쓰고, 일상 브이로그(영상 일기)를 만들기에도 좋습니다. 매일 쓰는 똑같은 일기 말고, 이 앱을 활용해 영상 일기를 써보는 것을 추천합니다.

영상을 만든 다음에는 가족이 함께 감상하세요. 영상 자막도 꼼꼼히 살펴보고, 제목도 함께 지어보세요. 질 나쁜 콘텐츠나 댓글로 다른 사람에게 피해를 주지 않고 유익하고 따뜻한 공유로 이어질 수 있습니다. 더불어 영상을 만들 때 아이와 함께 논의할 수 있는 다섯 가지 사항을 소개합니다.

1_제목 짓기

어떤 제목이 눈길을 끄는가, 이야기 나눠보세요. 영상의 내용과 어울리면서도 사람들의 눈을 잡아끄는 제목은 어떻게 지을 수 있는지 다른 영상들을 함께 찾아봅니다.

2_자막과 특수 효과

적절한 자막과 효과를 이용했는지 이야기 나눠보세요. 욕이나 비속어, 은어 등을 사용하지 않는 것이 왜 중요한지 자연스럽게 이야기할 수 있습니다. 이때 욕이나 비속어 등이 자주 나오는 영상은 보지 않도록 약속도 하면 좋습니다.

3_댓글 달기

어렵게 만든 내 소중한 영상에 어떤 댓글이 달리기를 원하는지 아이와 이야기 나눠보세요. 다른 영상에 댓글을 어떻게 달아야 할지 긍정적인 방향으로 약속을 정할 수 있습니다.

4 _ 도움이 필요해요

영상을 만들 때 가장 어렵게 느껴진 부분이 무엇인지 이야기 나눠보세요. 어떤 부분은 어떻게 도와주면 좋을지 아이와 상의해 보시길 바랍니다.

5 _ 어떤 플랫폼을 고를까

초등학생이 영상을 공유할 수 있는 플랫폼에는 유튜브와 블로그, 카페 등이 있습니다. 각 플랫폼의 장단점을 아이와 함께 이야기 나눠보고 어떤 플랫폼을 이용할지 선택해 보세요.

미디어 4 영상 제작 준비하기

준비물 시나리오용 공책, 촬영에 사용할 스마트폰

2분 ·························· **준비하기** ··························

1 영상 제작용 공책에 어떤 영상을 만들고 싶은지 아이와 함께 적어보세요.

5분 ·························· **시나리오 쓰기** ··························

2 어떤 영상을 제작할지 시나리오를 씁니다.

3 영상 길이, 준비물 등을 체크합니다.

10분 ·························· **샘플 영상 제작하기** ··························

4 엄마가 먼저 30초 남짓 짧은 영상을 촬영하는 시범을 보입니다.

5 아이가 시나리오에 맞게 1분 미만의 짧은 영상을 촬영합니다.

6 만든 영상에 자막을 입혀봅니다. 비속어나 은어 등을 사용하지 않도록 주의합니다.

3분 ·························· **정리하기** ··························

7 함께 시청합니다.

8 느낀 점을 이야기 나눕니다.

미디어 5 ▶ 스톱모션 기법으로 영상 제작하기

준비물 시나리오 공책, 아이클레이, 스마트폰
(제작 준비 단계에서 시나리오를 미리 써둡니다.)

 준비하기

1 시나리오에 맞게 준비물을 준비합니다.

2 어떤 영상을 제작할지 시나리오를 한번 더 확인합니다.

 촬영하기

3 인형을 움직여 가면서 사진을 찍습니다. 같은 각도, 같은 조명 아래에서 찍으세요.

4 엄마가 인형을 움직이고 아이가 사진을 찍는 방식이 좋습니다.

2분 **정리하기**

5 무대를 정리하면서 느낀 점을 이야기 나눕니다.

6 꾸준히 작업하면 점토로 만드는 애니메이션 작품을 만들 수 있습니다.

미디어 6 모션 포트레이트 앱 활용하기

준비물 스마트폰, 시나리오 공책, 아이가 좋아하는 인형이나 장난감, 좋아하는 책의 주인공 그림 등

(제작 준비 단계에서 시나리오를 미리 써둡니다.)

2분   **준비하기**

1 시나리오에 맞게 준비물을 확인합니다.

2 장난감이나 인형을 여러 컷 사진 찍습니다.

8분   **모션 효과 주기**

3 모션 포트레이트 앱을 켜고 인형 사진을 불러옵니다.

4 인형의 눈과 입을 포인트로 지정해 줍니다.

5 웃거나 말하거나 하는 모션을 스마트폰에 저장합니다.

7분   **영상 제작하기**

6 모션을 불러옵니다.

7 인형이 하고 싶은 말을 자막으로 입혀봅니다.

8 영상을 저장합니다.

3분   **영상 감상하기**

9 제작한 영상을 함께 감상합니다.

미디어 7 키네마스터 앱으로 영상 일기 쓰기

준비물 스마트폰, 시나리오 공책

(제작 준비 단계에서 시나리오를 미리 작성합니다. 언제, 어디에서, 어떤 내용으로 사진이나 영상을 찍을 것인지 계획을 세워봅니다.)

사전 단계 ·········· **일상 기록하기** ··········

1 시나리오에 맞게 준비물을 확인합니다.

2 아침 일상을 사진이나 영상으로 기록합니다. 가방 메기, 신발 신기, 학교 가는 길, 학교 입구 등으로 나누어서 사진을 찍어도 좋습니다.

3 수업이 끝난 다음을 사진이나 영상으로 기록합니다. 방과 후 수업, 학원 가는 길, 학원 끝나고 집에 오는 길 등으로 나누어서 사진으로 찍어도 좋습니다.

4 집에 온 뒤의 일상을 사진이나 영상으로 기록합니다.

17분 ·········· **엄마와 함께 편집하기** ··········

5 일상을 기록한 영상이나 사진들을 하나로 이어 붙입니다.

6 아침, 점심, 저녁 등으로 나누어 자막을 짧게 입힙니다.

3분 ·········· **영상 감상하기** ··········

7 제작한 브이로그를 함께 감상합니다.

8 느낀 점을 짧은 일기로 써봅니다.

CHAPTER

11

놀이를 통해 건강하게
관계 맺기

놀이가 주는
세 가지 선물

요즘 대한민국을 떠들썩하게 만든 것이 있지요. 넷플릭스 드라마 〈오징어 게임〉입니다. 게임에 참여했던 노인은 이런 대사를 합니다. "그땐 놀이하는 게 참 재미있었어."

맞습니다. 저도 어린 시절을 떠올리면 골목에서 아이들과 모여서 놀던 게 먼저 생각납니다. 해질 무렵까지 동네 아이들이 모두 모여서 딱지치기, 구슬치기, 고무줄 놀이, 술래잡기, 무궁화 꽃이 피었습니다 같은 놀이를 했지요. 그렇게 종일 놀면서도 내일은 뭐하고 놀까, 궁리하던 게 생각납니다.

지금의 성인 세대가 어린 시절에 하던 놀이는 모두 여럿이 함께 하는 놀이들이었습니다. 고무줄 놀이도 혼자 하는 게 아니라 같이 하는 것이었고, 술래잡기도 혼자 할 수 없는 놀이였지요. 여럿이 모여서 함께 놀고, 떠들고 소리 지르는 게 지금의 3040세대에게는 당연하고 익숙한 문화였습니다.

우리 아이들은 어떤가요? 지금의 아이들은 컴퓨터 세상에서 만나서 게임하고 SNS로 채팅하면서 놉니다. 물론 아이들에겐 그것도 똑같이 놀이겠지만, 이런 놀이는 여럿이 함께 얼굴을 보면서 하지 않습니다.

이런 경우 굳이 껄끄럽게 얼굴을 마주한 상대를 위해 양보하거나 타협하지 않아도 됩니다. 직접 대면해서 갈등을 겪지 않으니 마냥 좋을 것 같지만, 문제는 그렇게 간단하지 않습니다. 사이버 공간에서도 왕따가 있고 폭력이 있고 욕설도 있습니다. 게다가 이런 혼자 하는 놀이로는 놀이가 주는 긍정적이고 바람직한 사회성을 함양하는 것이 어려울 뿐 아니라 제대로 된 문제 해결 능력을 기를 수가 없습니다.

인간에게는 자신을 조절하고 통제할 수 있도록 만들어 주는 능력이 있습니다. 이른바 자기조절 능력이지요. 책의 앞부분에서도 언급했듯이 자기조절 능력은 오랜 시간 천천히 발달합니다. 화를 낼 상황에서 한번 더 참거나 '내가 지금 이 친구를 때리면 아플 거야' 생각하면서 상대의 감정을 헤아리는 것 모두 자기조절 능력에서 옵니다. 이 자기조절 능력이 제대로 발달하지 않으면 아이는 영원히 사회성이 부족한, 미숙한 인간으로 남게 됩니다.

자기조절 능력은 성인이 될 때까지 만들어지고 다듬어지는 능력이기 때문에 어린 시절 부모가 어떻게 아이를 가르치고 양육하느냐에 따라서 크게 달라집니다. 적절한 훈육과 관심이 함께할 때 비로소 건강하고 마음 따뜻한 아이로 키울 수 있는 것이지요.

자기조절 능력을 키우기 위해서는 긍정적이고 부드러운 방법을 쓰는 게 좋습니다. 공중도덕을 지키고 예의 바르게 행동한다는 최소한의 원칙과, 테두리 안에서 자유롭게 키우되 남에게 피해주는 행동은 하면 안 된다는 단호함을 겸비하라는 뜻입니다. 사실 이 양육 방법은 우리가 이 장에서 다룰 '놀이'와 매우 흡사합니다.

놀이를 통해 자라는 아이들

놀이에는 누구나 인정할 만한 원칙이 있고, 놀이에 참가하는 모든 사람이 이 원칙을 따를 때 원활하게 진행됩니다. 친구들과 어릴 때부터 자주 어울려 놀아본 아이가 사회성도 좋고, 대인관계도 원만한 것은 이런 규칙과 룰을 인정하고 따르는 데에 익숙하기 때문입니다. 재미있게 놀기 위해 자발적으로 규칙을 따르고 때로는 희생하거나 양보하면서 합의에 도달하는 경험을 반복하며 아이들은 자연스럽게 사회화 과정을 겪게 됩니다.

놀이를 단순한 즐거움만으로 볼 게 아니라 인간의 가장 기본적이고 기초적인 사회화를 위한 작은 모델과 같은 것이라고 봐야겠지요. 놀이가 아이에게 주는 선물은 크게 세 가지가 있습니다.

첫째, 높은 자존감입니다. 나를 존중하고 사랑하는 마음보다 아이의 인성을 더 따뜻하게 만들어 주는 것도 없습니다. 재미있고 즐겁게 놀면서 나의 가치를 깨닫고, 행복한 경험을 쌓다 보면 아이의 내면엔 자존감이 함께 길러집니다. 아주 작은 성취의 경험과 즐겁고 행복한 기분이 자존감의 향상으로 이어지기 때문입니다. 즉 아이의 자존감을 키워주기 위해 시간을 따로 내서 교육하려고 애쓰는 것보다, 평소에 즐겁고 재미있게 놀 수 있도록 해주는 것이 더 효과적입니다.

둘째, 긍정적인 인간관계입니다. 아이들은 놀이를 하면서 앞으로 부딪치게 될 수많은 인간과의 관계를 연습하는 일종의 사회적인 모델을 경험합니다. 나랑 잘 맞는 아이, 나랑 잘 안 맞는 아이, 내가 싫어하는 아이, 내가 좋아하는 아이, 내가 좋아하지만 나를 싫어하는 아이, 내가 싫어하지만 나랑 놀고 싶어 하는 아이 등 수많은 인간관계의 모델을 경험하게 되지요.

아이들은 이런 경험을 통해서 긍정적이고 바람직한 인간관계를 맺기 위해 자신이 해야 할 일이 무엇인지 깨닫게 됩니다. 말로 듣거나 책에서 읽는 사이좋게 지내는 것과는 차원이 다른 경험이지요.

셋째, 다양한 문제 해결 능력입니다. 놀이는 여럿이 할수록 더 많은 문제와 갈등 상황에 놓이게 됩니다. 가장 편한 것은 당연히 혼자 노는 것이지만, 혼자 노는 아이에게 물어보면 항상 '심심하다'라고 말합니다. 혼자서 하는 놀이는 진짜 놀이가 아니란 뜻입니다. 아이에게 진짜 놀이란 같이 노는 것, 누군가와 함께하는 것입니다. 아이는 누군가와 함께 놀면서 겪게 되는 다양한 갈등 상황 속에서 문제를 해결하는 능력과 더 현명하게 행동하는 지혜도 기릅니다. 이것은 아이가 직접 경험해서 얻을 수 있는 매우 귀한 자산이지요.

여담이지만, 교사들은 학생들이 체육 시간에 편을 나누는 것 하나만 봐도 어떤 아이가 리더십 있고, 어떤 아이가 양보할 줄 아는지 짐작할 수 있습니다. 저는 학기 초엔 전혀 개입하지 않고 일부러 아이들이 편을 나누는 것만 몇 주에 걸쳐서 지켜본 적도 있습니다. 이런 과정만으로도 아이들의 대인관계, 사회성, 자존감, 문제 해결 능력들이 자연스럽게 드러난다는 것을 잘 알기 때문입니다.

실제로 이런 부분들은 부모도 직접 세심하게 살펴봐야 알 수 있습니다. 아이의 수학 수업, 영어 수업에만 관심을 가질 게 아니라 체육 수업이나 미술 수업처럼 아이의 정서와 직접 관련이 있는 수업에 관심을 갖는 게 좋겠지요.

최근 코로나19로 여럿이 함께 어울려 노는 일이 많이 어려워졌습니다. 이런 때는 무엇보다 아이들의 정서가 가장 염려됩니다. 아이들이 친구들과 어울려 놀 수 없다면 가족이 반드시 그 빈자리를 대신해 주셔야 합니다. 비싼 장난감을 사주고, 키즈카페를 찾아다니지 않아도 됩니다. 가족과 함께 아이가 재미있게 웃을 기회를 주어야 아이의 정서가 올바른 방향으로 커나간다는 뜻입니다.

아이와 함께 가정에서 해볼 만한 다양한 놀이와 활동들을 소개했으니, 꼭 활용해 보시기 바랍니다.

2 아이가 바라는 좋은 부모 vs 부모가 생각하는 좋은 부모

"엄마, 아빠가 어떨 때 가장 좋아?"

아이에게 물어보신 적 있으신가요? 저는 해마다 어버이날에 학생들에게 물어봤습니다. 어느 학년을 조사해도 답이 같았습니다. 가장 많이 나오는 응답은 '엄마(아빠)가 사랑한다고 말해줄 때', '엄마(아빠)가 나를 꼭 안아줄 때'였습니다. 비싼 장난감이나 옷을 사줄 때, 외식하러 갈 때 같은 답은 없었습니다.

2016년 여성가족부에서 비슷한 설문을 1,000명의 부모와 653명의 초등학생에게 해봤습니다.[22] 먼저 부모에게 "자신이 좋은 부모라고 생각하는가"라고 물었습니다. 부모 스스로 좋은 부모라고 생각하는 경우는 31.7퍼센트였고, 보통은 55.3퍼센트, 그렇지 않다는 13퍼센트였습니다. 대체로 점수가 낮은 편이었지요.

부모 스스로 좋은 부모라고 생각하지 않는 까닭은 크게 세 가지였습니다. 원치 않게 감정적으로 아이를 대할 때가 많아서(34.0%),

자녀와 함께하거나 집에 있는 시간이 적어서(20.1%), 물질적으로 충분히 제공해 주지 못해서(17.1%) 등이었습니다.

흥미로운 사실은 같은 질문에서 아이들이 부모보다 점수가 훨씬 후했다는 것입니다. 조사 결과 우리 엄마는 좋은 부모라고 생각한다는 응답은 91.9퍼센트, 우리 아빠는 좋은 부모라고 생각한다는 응답은 87.7퍼센트였습니다. 아빠가 엄마보다 점수가 살짝 낮긴 해도 이 정도면 꽤 훌륭한 점수지요.

아이들에게 어떤 부모가 좋은 부모라고 생각하는지도 물었습니다. 아이가 생각하는 좋은 부모 1위는 아이 말을 잘 들어주고 대화를 많이 하는 부모(23.6%)였습니다. 2위는 함께 많은 시간을 보내는 부모(16.1%), 3위는 남과 비교하지 않는 부모(13.7%)였습니다.

아이들의 응답을 아이의 말로 정리해 보면 다음과 같습니다.

> 나는 엄마랑 자주 이야기하면 좋겠어. 이왕이면 함께 시간 보내면 좋겠어. 하지만 그렇지 않아도 괜찮아. 난 엄마랑 아빠가 우리 엄마 아빠여서 좋아.

이게 아이들의 진짜 속마음입니다. 아이들은 아무리 무뚝뚝한 아빠여도, 아무리 바쁜 엄마여도 우리 엄마, 우리 아빠가 그냥 좋은 겁니다.

우리는 아이와 대화하기 위해 대단한 기술이 필요하다고 생각합니다. 아이와 함께 시간을 잘 보내려면 캠핑이라도 가야 할 것 같지만, 정작 아이들은 그렇지 않습니다. 그저 엄마, 아빠랑 조금이라도 같이 있고 싶고, 그 시간에 엄마와 아빠가 찐하게 나를 안아주고 함께 웃고 떠들면 그걸로 만족하는 겁니다. 생각보다 참으로 소박한 행복 아닌가요.

최근에 어떤 엄마와 고민을 상담했습니다. 4학년인 딸아이가 교과서는 거들떠보지도 않은 채 동화책만 읽고, 특히 수학을 잘 못해서 너무나 속상하다고 하더군요. 워킹맘이어서 아이를 제대로 돌보지 못하니 더욱 힘들다고요. 그 마음을 충분히 이해합니다. 많은 엄마가 같은 고민을 합니다. 저도 그랬고요.

그럼에도 저는 엄마가 아이에게 희망을 가져야 한다고 말씀드렸습니다. 아이는 엄마가 어떤 모습이든 엄마를 절대적으로 사랑합니다. 설사 엄마가 화내고 야단해도 자신이 못나고 잘못한 탓이지, 엄마 탓이라고는 생각하지 않습니다. 이게 반복되면 엄마 자신도 모르게 죄책감을 아이에게 심어주게 됩니다. 부정적인 감정이 마음에 깔려서는 어떤 가르침도 아이에게 스며들지 않습니다.

웃으면서 긍정적으로 격려하는 것, 많이 웃어주고 최대한 많은 이야기를 나누는 것이야말로 모든 자녀교육의 시작이자 끝입니다. 아무리 바쁜 일상이더라도 하루에 20분은 아이와 함께 놀아보세요. 아이의 얼굴이 밝아지고 성적도 오릅니다. 아이에게는 잘 노는 것이 공부만큼 중요하다는 사실을 곧 깨달으실 겁니다.

3

아이들이 좋아하는
최고의 놀이

한국임상게임놀이학회에서 2015년 어린이날을 맞아 전국 초등학생 568명을 대상으로 설문조사를 했습니다.[23] 어린이날에 누구와 함께 놀고 싶냐는 설문에서 1위는 부모님(50%)이었습니다. 2위 친구(30%), 3위 또래 친척 및 형제(12%)보다 압도적으로 높은 수치입니다.

그렇다면 어린이들이 부모님과 가장 하고 싶은 일은 무엇이었을까요? 값비싼 선물 받기? 아니면 가족 여행? 어린이날이니까 대단한 걸 바랄 것 같지만, 뜻밖에도 아이들이 부모와 가장 하고 싶은 것으로 꼽은 것은 보드게임(37%)이었습니다. 영화나 공연 보기가 2위(23%), 운동하기(18%)가 3위였고요.

놀이 전문가들은 아이들과 놀아줄 때 비싼 장난감이나 대단한 기술이 없어도 된다고 말합니다. 간단한 보드게임을 하거나 가까운 공원에서 산책하면서 함께 자연을 즐기는 것으로도 충분합니다.

저희 집에는 부루마블이 하나 있습니다. 아이들이 어릴 때부터 자주 갖고 놀아서 많이 낡았지요. 작년 크리스마스 때 무엇을 하고 싶은지 가족회의에서 정했는데, 그때도 아이들은 식탁에 가족이 다 같이 둘러앉아서 부루마블을 하는 것을 원했습니다. 값비싼 외식이나 큰 선물 없이도 아이들은 무척 행복해했습니다.

교실에선 세계 여러 나라를 공부한 다음 〈우리 반 부루마블〉을 직접 만들게 했습니다. 아이들은 직접 만든 보드게임이라 더 좋아했습니다. 학교가 끝나면 스마트폰으로 게임하던 아이들이 옹기종기 모여서 부루마블을 하다가 집에 가곤 했지요.

전문가들은 보드게임이 문제해결력, 순발력, 창의력 등 다양한 능력을 키워주는 데 도움이 된다고 말합니다. 아이가 요새 컴퓨터 게임에 유난히 빠져 있다면 가족이 함께 보드게임을 해보세요. 생각보다 더 즐겁게 노는 아이의 모습을 보실 수 있을 겁니다. 가정에서 직접 해봤거나 학생들이 좋아했던 보드게임을 추렸습니다. 아이들과 재미있게 놀아주세요.

1. 젠가   난이도 ✦✦

나무 블록을 쌓아서 하나씩 빼내는 게임입니다. 블록이 무너지면 게임이 끝납니다. 나무 블록의 색이 다 똑같은 기본 젠가와 블록에 숫자가 들어가고 색이 입혀진 우노 젠가가 있습니다. 우노 젠가에서는 먼저 숫자와 블록을 뽑는데, 빨강색 숫자 5를 뽑았다면 빨간색 블록이나 5번 블록만 빼내야 하는 식입니다. 나무 블록마다 벌칙이 적혀 있는 특수 젠가도 있습니다.

2. 부루마블 난이도 ✦✦✦

보드게임이라고 하면 곧바로 떠오르는 최고의 게임입니다. 은행에서 일정 액수만큼 돈을 나눠주고, 각자 플레이하면서 세계 여러 나라의 땅을 사들입니다. 파산하는 플레이어가 나와서 더 이상 게임을 할 수 없을 때 게임이 끝납니다.

3. 할리갈리 난이도 ✦✦✦

아이들이 교실에서 정말 재미있게 갖고 놀던 보드게임입니다. 과일 모양이 그려진 카드 뭉치를 여럿이서 나눠 갖습니다. 동일 과일 모양이 5개가 되었을 때 재빨리 종을 치면 앞에 있는 카드를 가져갈 수 있습니다.

4. 악어룰렛 난이도 ✦

해적룰렛과 같은 원리입니다. 돌아가면서 아무 이빨이나 누르면 악어가 입을 꽉 다무는데, 누가 걸릴지 몰라 아이들이 재미있어합니다.

5. 다빈치 코드　　　　　　　　　　　　난이도 ✦✦✦✦

초등 고학년 이상의 아이들이 플레이하기에 적당합니다. 각자 비밀코드를 갖고 시작하는 방식입니다. 내 비밀코드는 숨기고 다른 사람의 비밀코드를 알아내야 하기 때문에 전략과 추측이 필요한 게임입니다. 게임을 해나갈수록 단서가 점점 쌓이기 때문에 논리적인 판단력을 기를 수 있습니다.

6. 위대한 달무티　　　　　　　　　　　난이도 ✦✦✦✦

부루마블만큼 유명한 보드게임입니다. 중세의 계급 사회를 모티브로 한 중독성 있는 게임으로 손꼽힙니다. 가장 낮은 숫자 카드를 뽑은 사람이 왕이 되면서 게임을 시작합니다. 손에 들고 있는 모든 카드를 내려놓으면 게임이 끝나는데, 1등은 왕, 2등은 총리대신이 되고, 꼴찌는 농노, 꼴찌에서 두 번째는 소작농이 됩니다.

7. 블로커스　　　　　　　　　　　　　난이도 ✦✦✦

각자 나눠 가진 퍼즐 조각을 보드판에 모두 내려놓으면 게임이 끝납니다. 땅따먹기와 똑같은 방식이지만 퍼즐을 다 내려놓는 것이 생각보다 어렵습니다. 공간을 구성하고 창의적으로 생각하는 힘을 길러줄 수 있습니다.

8. 토종씨앗 농사판 놀이   난이도 ♦♦♦

텃밭 보급소가 개발하고 보급하는 보드게임입니다. 토종씨앗 30종으로 만든 씨앗 카드, 농사에 필요한 농기구와 24절기를 배울 수 있는 농사 카드, 수확한 작물을 활용한 가공품이 그려진 생활 카드로 놀이를 합니다. 주사위를 굴려 놀이판에 있는 절기 칸에 말이 도착하면 씨앗 카드를 받아서 텃밭판에 심습니다. 호미 카드를 획득하면 텃밭을 넓힐 수 있고, 똥 카드를 획득하면 더 많은 수확물을 거둘 수 있는 재미있는 게임입니다.

9. Go Fish!   난이도 ♦♦♦

학교에서 원어민 선생님이 영어 시간에 자주 이용하는 게임입니다. 아이들이 카테고리별로 다양한 어휘들을 익힐 수 있어서 매우 유익합니다. 최근 '설민석 한국사' 버전도 새로 나왔는데, 동영상 역사 강의도 같이 제공하고 있습니다.

10. 고아나(고요한 아침의 나라) 카드 놀이   난이도 ♦♦♦

현직 초등교사가 달무티에서 영감을 받아 만든 카드 놀이입니다. 초등학생들이 학교에서 배우는 역사 위인을 카드로 제작했고, 기본 놀이부터 고스톱 놀이 등 다양하게 응용할 수 있습니다.

놀이1 빙고 놀이하기

보드게임을 준비하지 못했다면 종이와 펜만으로도 할 수 있는 놀이로 빙고를 추천합니다. 빙고는 숫자를 쓸 수만 있으면 어떤 연령이든 함께할 수 있습니다. ㄱ자 빙고, ㄴ자 빙고, ㅁ빙고, X 빙고 등 다양하게 바꿔가면서 해보세요.

준비물 개인 놀이판, 여러 색 펜 등

3분 ⸼⸼⸼⸼⸼⸼⸼⸼⸼⸼⸼⸼ 준비하기 ⸼⸼⸼⸼⸼⸼⸼⸼⸼⸼⸼⸼

1 빙고판을 여러 개 그려둡니다. 가로세로 3×3칸을 그리세요.

2 빙고를 부를 순서를 정합니다.

13분 ⸼⸼⸼⸼⸼⸼⸼⸼⸼⸼⸼⸼ 놀이하기 ⸼⸼⸼⸼⸼⸼⸼⸼⸼⸼⸼⸼

3 돌아가면서 칸을 지워갑니다.

4 정해진 모양대로 칸을 모두 지우면 빙고를 외칩니다.

ㄱ자 빙고

4분 ⸼⸼⸼⸼⸼⸼⸼⸼⸼⸼⸼⸼ 정리하기 ⸼⸼⸼⸼⸼⸼⸼⸼⸼⸼⸼⸼

5 느낀 점을 돌아가면서 이야기합니다.

6 함께 뒷정리를 합니다.

가족을 깊이 알아가는
소중한 시간

저희 집 아이들은 고2, 초6입니다. 이만큼 컸지만 지금도 가족이 함께 몸으로 말해요, 스피드 퀴즈, 속담 맞히기, 절대 음감 같은 놀이를 합니다. 이렇게 한바탕 웃고 나면 아이들도 어른들도 스트레스가 풀리는 걸 느낍니다.

함께 웃고 떠드는 경험은 아이에게 가족을 믿고 의지할 수 있는 깊은 신뢰감을 심어줍니다. 가족의 관계 회복에도 매우 중요한 계기가 되어주지요.

우리가 어릴 때의 가족을 떠올려 보세요. 여러 사람으로 이루어진 대가족이었습니다. 할머니, 할아버지, 고모, 삼촌이 함께 살았고 아이들은 많았습니다. 구성원이 많은 가족 안에서 아이가 생활할 때는 자연스럽게 가족 사이의 위계질서가 잡히면서 공동체적인 느낌이 강했습니다. 많은 이가 아이를 함께 키우기 때문에, 아이의 문제가 도드라지면서 가정을 흔드는 일이 적습니다.

핵가족이 되면 가족 간의 결속은 오히려 약해집니다. 아이가 자라서 가족 구성원이 각자 생활하게 되면 서로 얼굴 볼 일이 확연하게 줄어들어 부모가 소외감을 느끼게 되는 경우도 흔합니다. 자녀에게 모든 것을 쏟아붓던 부모가 아이에게 쏟을 감정이나 에너지가 더는 필요 없어졌다는 것을 깨달으면서 공허함과 허전함을 느끼게 되는 것이죠.

이런 가정의 위기를 극복하게 만들어 주는 것 역시 놀이입니다. 놀이에는 연령이나 성별의 한계가 없고, 수직적이고 딱딱한 가정 분위기를 수평적이고 민주적으로 만들어줄 수도 있으니까요. 가족이란 공동체가 전보다 더 작아지고 약해졌다면 그것을 보완할 수 있는 도구로 놀이를 활용하면 됩니다.

아이가 컸다고, 사춘기가 되었다고, 또는 바쁘다고 놀이를 멀리할 게 아니라 그럴수록 더 놀 시간을 만들고 함께 머리를 맞대고 놀아야 합니다.

아이와 어릴 때부터 자주 같이 논 부모는 아이에게 사춘기가 와도 자연스럽게 대처할 수 있습니다. 놀이로 길러진 유대감과 정서적인 가까움으로 폭풍 같은 사춘기를 거뜬히 이겨내는 것이지요.

전에 사춘기를 심하게 겪는 6학년 남학생을 가르친 적이 있습니다. 어찌나 사춘기가 심했던지, 한번은 학부모 상담 시간에 아빠와 사이가 극도로 나빠져서 아이가 혹여 가출이라도 할까 염려하더군요. 한참 고민한 끝에 주말마다 아빠와 함께 조기 축구를 해보도록 솔루션을 드렸습니다. 대신 그 시간만큼은 아빠와 함께 오로지 공만 차고, 여기에는 어떤 조건도 달지 않도록 하라고 주의사항도 말씀드렸습니다.

아이는 처음엔 아빠와 말 한 마디 없이 공만 차더니, 나중엔 함께 땀을 흘리고 뛰어다니면서 점점 할 이야기가 많아졌습니다. 아빠와 사이도 자연스레 좋아졌고, 언제 그랬냐 싶게 부모와 깊이 이야기를 나누게 되었다고 합니다. 조기 축구를 그만둔 몇 달 뒤에도 말이지요.

함께 뛰어놀고, 소리 지르고 땀을 흘리는 경험이 아이에게 스트레스를 해소할 기회가 되고, 사춘기라는 폭풍 같은 감정의 기복을 슬기롭게 헤쳐나갈 계기가 되어주는 것입니다.

여기에서는 온가족이 함께할 수 있는 재미있는 활동을 20분 단위로 구성했습니다. 아이와 함께 마음껏 웃어보세요. 아이의 마음은 말랑말랑해지고, 인성은 바람직한 방향으로 자랄 것입니다. 물론 이 안에서 지적으로도 더욱 쑥쑥 성장할 것이고요.

우리 가족 퀴즈 대회

준비물 개인 놀이판, 여러 색 펜, 미리 준비한 상장 등

4분 ···················· **문제 내기** ····················

1 엄마가 문제를 냅니다. 엄마 자신에 관련된 문제를 내세요.

2 엄마가 천천히 문제를 읽습니다.

- 엄마가 어렸을 때 가장 재미있게 읽었던 책은?
- 엄마가 아빠랑 처음 데이트했던 곳은?
- 엄마가 외할머니에게 가장 크게 야단맞은 일은? 등

3 나머지 가족이 문제의 답을 씁니다.

12분 ···················· **정답 확인하기** ····················

4 답을 확인하고, 문제와 관련된 이야기를 들려주세요.

엄마가 아빠랑 처음 데이트했던 곳은 극장이었어. 엄마랑 아빠가 처음 봤던
영화가 〈해리포터와 마법사의 돌〉이었지.

4분 ···················· **마무리하기** ····················

5 가장 잘 맞힌 가족에게 엄마가 상장을 줍니다.

6 느낀 점을 돌아가면서 이야기합니다.

> **활동 TIP**
> 다음에는 아빠 퀴즈, 언니 퀴즈, 동생 퀴즈처럼 대상을 바꿔가면서 문제를 풀어봅니다. 억지로 가족
> 끼리 이야기를 나누려고 하면 어색할 수 있습니다. 하지만 퀴즈를 풀면서 이야기 나누면 20분이 훌
> 쩍 지납니다. 많은 이야기를 자연스럽게 나눌 수 있는 좋은 기회가 될 겁니다.

놀이 3 우리 가족 기네스

준비물 미리 준비한 상장 등

8분 ········· **놀이하기** ·········

1 우리 가족 중에 '가장 ~한 사람'을 뽑습니다.

- 우리 가족 중에 가장 많이 웃는 사람은?
- 우리 가족 중에 가장 적게 웃는 사람은?
- 우리 가족 중에 가장 많이 밥을 먹는 사람은?
- 우리 가족 중에 가장 적게 밥을 먹는 사람은? 등

8분 ········· **상장 만들기** ·········

2 함께 상장을 만듭니다. 엄마는 아빠 상장을, 아빠는 언니 상장을, 언니는 동생 상장을, 동생은 엄마 상장을 만드는 식입니다.

> **상 장**
> 우리 가족 기네스
>
> 이름 :
> 위 사람은 우리 가족 중에 가장
> 많이 _____ 한 사람이
> 기 때문에 이를 기념하기 위해
> 상장을 줍니다.
>
> 2021년 5월 5일
> 가족 대표 000

4분 ········· **마무리하기** ·········

3 돌아가면서 가족에게 상장을 줍니다.

4 느낀 점을 함께 이야기 나눕니다.

5

손으로 놀면 머리가 좋아진다

"아이는 많이 안아줄수록 좋다더라. 많이 안아 줘라."

큰아이를 낳았을 때 엄마에게 들었던 말입니다. 왜 아이를 많이 안아주는 게 좋을까요. 아이를 안아주면 아이의 온몸에서는 촉각이 자극됩니다. 이때 아이의 뇌 신경세포에는 신경회로가 발달하게 되고, 이 과정에서 두뇌 발달이 촉진됩니다.

즉, 아이의 감각기관을 부드럽게 자극하면 그것이 아이의 두뇌 발달에 긍정적인 반응을 가져오게 되는 것입니다. 물론 그렇다고 해서 다 큰 아이를 매일 안고 있을 수는 없겠지요.

아이 스스로도 자신의 감각기관을 부드럽게 자극하고 두뇌 발달에 좋은 영향을 미치는 일을 할 수 있습니다. 바로 손 놀이입니다. 신체에는 여러 감각기관이 있는데, 피부만큼 자극이 강한 부분이 바로 손입니다. 그래서 전문가들은 손을 제2의 뇌라고도 부릅니다.

손과 뇌가 밀접하게 연관되어 있기 때문에 손을 쓰는 놀이와 활동은 아이의 두뇌가 매우 긍정적이고 효과적으로 발달할 수 있게 도와줍니다.

유아기 때만 이런 손 놀이가 좋은 게 아닙니다. 교실에서 만나본 학생들 중에서는 초등학교 저학년이나 중학년이 될 때까지도 섬세한 손동작이 어려운 학생들도 많았습니다. 아이가 지나칠 정도로 악필이거나, 작은 구멍을 막아야 하는 리코더 연주에서 유난히 실수가 잦다면 아직 소근육이 덜 발달된 것입니다. 이럴 경우에는 손을 자꾸 쓸 수 있게 도와주는 게 좋습니다. 그래야 소근육을 발달시켜 뇌도 함께 깨울 수 있기 때문입니다.

거창한 놀이를 기획하는 것보다 오히려 생활에서 자주 경험할 수 있는 도구들을 이용하시길 추천합니다. 젓가락으로 콩 집기, 색종이접기, 뜨개질하기, 손바느질하기, 색칠하기, 스티커 붙이기, 카드 꾸미기처럼 가정에서 아이가 쉽게 해볼 수 있는 놀이와 활동을 위주로 함께 자주 놀아주시면 효과가 더욱 좋습니다.

저는 학교에서 소근육이 발달하지 않은 저학년을 가르칠 때 바둑판을 활용하기도 했습니다. 바둑판에 그려진 교차점마다 바둑알을 정확하게 올려놓는 연습을 따로 시켰는데, 손으로 이런 정교한 작업을 하면 할수록 다른 사고 활동도 눈에 띄게 좋아졌습니다.

저만 그런 게 아니라 아이들을 오래 가르쳐보신 선생님들은 이런 부분을 아주 잘 압니다. 저학년만 10년 넘게 담임하신 선생님은 아이들에게 매일 집에 가기 전에 철봉에 매달려서 속으로 30까지 세는 숙제를 내셨다고 합니다. 아이들이 철봉에 매일 매달려서 놀면 자연스럽게 손의 힘을 기르고, 팔 근육도 강화할 수 있기 때문입니다.

소근육을 발달시키는 손 놀이

저학년 아이는 필기구 하나를 쥐어줄 때도 이런 부분을 염두에 두어야 합니다. 손에 제대로 힘이 생기기 전까지 심이 가느다란 샤프 같은 필기도구는 적합하지 않습니다. 가느다란 심을 자유자재로 활용하기엔 아이의 소근육이 아직 덜 발달된 상태니까요. 아직 손에 힘이 없는 아이들은 색연필이나 크레파스 같은 굵은 심을 써야 합니다.

아이의 소근육이 발달해야 한다는 사실을 잘 모르면 무작정 글씨를 예쁘게 써야 한다, 또박또박 써야 한다만 강조하게 됩니다. 엄마들은 "우리 아이는 글씨를 너무 못 써요"라고 쉽게 말하지만, 정작 아이들은 이런 과정 없이는 팔과 손에 힘이 생길 수 없어 글씨를 섬세하게 잘 쓸 수가 없는 것뿐입니다.

작고 섬세한 작업을 잘하기 위해서는 소근육을 자극하고 발달을 가속화할 수 있는 효과적이면서 쉬운 방법을 찾아서 아이와 함께 틈날 때마다 하는 것이 가장 좋습니다.

저는 저학년을 담임했을 때, 젓가락으로 콩 집기 놀이를 자주 했습니다. 놀이 방법은 단순합니다. 먼저 모둠원 전체에게 작은 접시를 하나씩 나눠줍니다. 이때 첫 번째 아이 접시에는 콩을 열 개 정도 담아 놓습니다. 아이들이 좋아하는 짧은 동요를 하나 부르게 하고, 노래를 부르는 동안 첫 번째 아이가 나무젓가락으로 콩을 집어서 두 번째 아이 접시로 옮깁니다.

두 번째 아이는 자신의 접시로 넘어온 콩을 나무젓가락으로 집어서 세 번째 아이에게 옮깁니다. 세 번째 아이는 다시 첫 번째 아이의 빈 접시로 옮깁니다. 노래가 끝난 뒤, 어떤 모둠이 콩을 가장 많이 옮겼는지 셉니다.

이런 놀이는 젓가락질을 제대로 연습하게 도와줄 뿐 아니라 손에 있는 근육들을 많이 쓰게 해서 소근육 발달에도 매우 좋습니다. 가정에서는 아빠, 엄마, 아이 순으로 돌아가면서 콩을 집어서 놓으면 됩니다. 언제 어느 때나 할 수 있고 젓가락을 자주 사용하는 우리나라에선 매우 효과적인 손 놀이입니다.

여기에서는 이외에도 아이와 함께할 만한 손 놀이 활동인 색종이 접기, 손바느질하기를 소개합니다.

놀이4 **색종이 접기**

색종이 접기는 저학년 아이일수록 좋아합니다. 고학년 아이일 경우는 엄마나 아빠가 아이에게 배워보시는 것도 좋습니다. 어른보다 아이들이 오히려 더 잘 접습니다.

준비물 색종이 여러 장, 색종이 접기 책이나 도안, 예쁜 색깔 커다란 종이, 사인펜과 색연필 등

3분 **준비하기**

1 색종이로 꾸며볼 주제를 정합니다.

바다, 숲, 학교, 집 등

2 함께 만들 도안을 정하고, 어떤 작품을 만들고 싶은지 이야기 나누세요.

바닷속 세상, 내가 살고 싶은 집, 우주여행 등

15분 **활동하기**

3 역할을 나눠서 도안대로 색종이를 접습니다.

엄마: 빨간 물고기
아이: 파란 물고기

4 색종이로 접은 작품을 미리 준비한 커다란 종이에 붙입니다.

5 빈자리를 사인펜이나 색연필로 꾸밉니다.

2분 **마무리하기**

6 느낀 점을 이야기 나눕니다.

7 함께 뒷정리합니다.

놀이 5 손바느질하기

바느질은 손을 많이 써야 합니다. 간단한 단추 달기, 매듭짓기, 박음질 등은 가정에서 얼마든지 가르치실 수 있습니다. 인형 옷이나 베개를 아이와 함께 만들어 보세요. 서툰 솜씨여도 자기가 직접 꿰매고 오려서 만든 작품이기 때문에 매우 좋아합니다.

준비물 바늘, 실, 단추, 안 쓰는 옷이나 천 등

3분 .... 준비하기 ....

1 어떤 것을 만들지 정합니다.

인형 옷, 베개, 이불 등

15분 .... 활동하기 ....

2 엄마가 먼저 시범을 보입니다.

바늘에 실 꿰기, 단추 달기, 매듭짓기 등

3 바늘에 실을 꿰어봅니다. 바늘에 다치지 않게 주의줍니다.

4 천을 잘라서 직접 바느질을 해봅니다. 박음질, 홈질은 쉬워서 아이가 금방 따라 할 수 있습니다.

5 옷감이 뜯어지거나 바느질이 서툰 부분 등은 엄마가 도와주세요.

2분 .... 마무리하기 ....

6 인형 옷을 만들었다면 완성된 옷을 인형에게 입혀봅니다.

7 느낀 점을 이야기 나누고, 뒷정리를 함께 합니다.

에필로그

아이는 결국 부모의 믿음으로 자란다

직장맘으로서 아이 둘을 키운 지난 18년을 돌아보면 참 일도 많았습니다. 아이 유치원 입학식을 까맣게 잊어버린 채 수업한 날도 있었고, 회식에 가느라 엄마에게 아이를 맡겼다가 엄마가 아이를 잃어버리는 엄청난 사건이 벌어진 날도 있었습니다. 직업이 선생인데도 큰애를 한글도 안 가르치고 학교에 보냈으니, 얼마나 간 큰 엄마였는지 모릅니다.

그런데도 아이들은 참 잘 자라주었습니다. 건강하고 밝고 유쾌하게 살아가는 아이들을 보면 참 기특하고 신기합니다. 공부를 잘하고 못하고 성격이 좋고 나쁘고 같은 문제를 떠나서, 그저 한 그루 나무처럼 무럭무럭 자란다는 사실만으로도 가끔은 그냥 감사하고 좋습니다. 아마도 잘 자라주겠지 믿은 덕분이 아닐까 싶습니다. 아이는 정말로 믿음대로 자라니까요.

교육자이기 이전에 직장맘이기에 저도 사실은 늘 고민합니다.

어떻게 하면 아이가 좀 더 효과적이고 효율적으로 공부할 수 있을까, 인성적으로도 행복하게 잘 자랄 수 있을까 하고 말이지요.

수많은 부모가 저처럼 자녀교육을 고민할 겁니다. 하지만 자녀를 잘 키우는 문제는 정답이 하나가 아닙니다. 아이마다 처한 가정 형편과 상황 그리고 환경이 모두 다르니까요. 수천 명 아이가 있다면 수천 명 부모가 있고, 수만 명 부모가 있다면 수만 명 아이도 있습니다. 우리 모두 답을 찾아가는 과정에 있는 것이죠.

다만, 저는 꾸준히 조금씩의 힘을 믿습니다. 교육은 정말로 눈에 보이지 않는 작은 변화를 쌓아가는 과정이고, 아이는 그렇게 조금씩 앞으로 나아가는 것이니까요. 괴테는 지금 그대로의 모습으로 보지 말고 바라고 기대하는 미래의 모습을 보라고 했습니다. 부모가 해야 할 일 역시 아이를 볼 때 지금 모습이 아닌, 바라고 기대하는 미래의 모습을 보는 것일 겁니다.

아무쪼록 이 책이 자녀교육에 고민이 많은 부모가 희망으로 아이들을 키울 수 있게 도움이 되어주길 바랍니다. 이 책을 읽은 독자들이 가정에서 매일 조금씩 아이들과 함께 책도 읽고, 재밌게 놀기도 하고, 공부도 해보고, 밥상머리에 앉아 도란도란 이야기도 나누면 좋겠습니다. 그럼 더 바랄 게 없겠다고 생각합니다.

최근에 책을 쓰느라 바빠서 정작 저희 아이들 이야기는 많이 못 들어줬습니다. 엄마가 작가여서 좋다고 응원해 주는 딸들 덕분에 그래도 이렇게 세상에 책 한 권을 또 내놓습니다. 이 고마움을 어찌 말로 다 할 수 있을까요. 오늘은 가족이 다 함께 맛있는 저녁을 먹으렵니다.

대한민국 부모님들, 모두 힘내세요. 사랑하고 고맙습니다.

김성효 씀

참고한 자료

1 "교사 마스크 착용에, 유아 언어발달 지체… 한창 입 모양 보고 말 따라하기 배워야 할 때인데", 《동아일보》, 2021.10.11.

2 하루 2시간 몰입하기… "'25분 업무·5분 휴식' 반복, 뇌가 집중한다", 《WEEKLY BIZ》, 2017.11.13.

3 "집중하는 능력과 시간은 나이에 따라 다르다", 곽윤정, 《mom대로 키워라》, 2016년 7호.

4 "온라인 공연 몰입 시간, 20분 넘기기 힘들다", 《국민일보》, 2020.5.25.

5 『데이터가 뒤집은 공부의 진실』, 나카무로 마키코, 로그인, 2016.

6 『1등은 당신처럼 공부하지 않았다』, 김도윤, 쌤앤파커스, 2018.

7 『아이의 공부두뇌』, 김영훈, 베가북스, 2012.

8 "어릴 때 칭찬 많이 들으면 지능·기억력 좋아져요", 《한국경제신문》, 2011.06.18.

9 대한민국정책브리핑, 밥상머리 교육의 효과 다섯 가지, 2016.05.19.

10 "'독서 잘하는 아이'보다 '독해 잘하는 아이'로 키워야", 《지역내일》, 2016.12.15.

11 "태교 영어는 말짱 헛것… 엄마 스트레스만 전달될 뿐", 《베이비뉴스》, 2020.2.10.

12 『당신이 영어를 못하는 24가지 이유』, 정찬용, 씽크스마트, 2011.

13 고명희(2012), 『영어어휘 시험유형과 제2 언어 학습자들의 어휘지식 성취도』, 고려대학교.

14 교육부 고시 2015-74호, 사회과 교육과정 해설.

15 "초등생 방과후수업 선호 과목… 학부모 '영어' 자녀 '과학'", 《이데일리》, 2017.08.17.

16 "초등 학부모 53% 온라인 수업 불만족, '과학'이 만족도 꼴찌", 《중앙일보》, 2021.04.22.

17 「생명과학 관련 주제에 대한 과학영재들의 글쓰기 특성 분석」, 송신철&신규철, 《과학교육연구지》, 839권 1호. 2015.6.

18 "이공계니까 '과학 글쓰기'로 성공해야 하는 시대가 됐어요", 《한겨레》, 2019.09.10.

19 『나를 중심으로 미디어 읽기』, 이승화, 시간여행, 2018.

20 "유튜브 하루 업로드 동영상, 다 보려면 18년 걸려", 《YTN뉴스》, 2019.03.21.

21 "페이스북의 '꼼수'… 어린이용 SNS가 비난 받는 이유", 《헬스조선》, 2021.10.01.

22 「아이가 바라는, 부모가 말하는 좋은 부모」 설문조사 결과, 여성가족부, 2016.06.27.

23 "어린이날, 아이들이 가장 원하는 것은? '부모와 함께 노는 시간'", 《iT dongA》, 2015.04.16.

엄마와 보내는
20분이
가장 소중합니다

초판 1쇄 발행 2021년 11월 22일
초판 2쇄 발행 2021년 12월 22일

지은이 김성효
펴낸이 김선식

경영총괄 김은영
책임편집 김단비 **책임마케터** 오서영
콘텐츠사업7팀장 이여홍 **콘텐츠사업7팀** 김단비, 권예경
마케팅본부장 권장규 **마케팅1팀** 최혜령, 오서영
미디어홍보본부장 정명찬 **홍보팀** 안지혜, 김민정, 이소영, 김은지, 박재연, 오수미
뉴미디어팀 허지호, 박지수, 임유나, 송희진, 홍수경
리드카펫팀 김선욱, 염아라, 김혜원, 이수인, 석찬미, 백지은
저작권팀 한승빈, 김재원 **편집관리팀** 조세현, 백설희
경영관리본부 하미선, 박상민, 윤이경, 이소희, 이우철, 김재경, 최완규, 이지우, 김혜진
외부스태프 디자인 ALL design group

펴낸곳 다산북스 **출판등록** 2005년 12월 23일 제313-2005-00277호
주소 경기도 파주시 회동길 490 다산북스 파주사옥
전화 02-704-1724 **팩스** 02-703-2219 **이메일** dasanbooks@dasanbooks.com
종이 IPP **인쇄** 민언프린텍 **코팅·후가공** 제이오엘앤피 **제본** 국일문화사

ISBN 979-11-306-7803-0 (03370)

- 책값은 뒤표지에 있습니다.
- 파본은 구입하신 서점에서 교환해드립니다.
- 이 책은 저작권법에 의하여 보호를 받는 저작물이므로 무단 전재와 복제를 금합니다.

다산북스(DASANBOOKS)는 독자 여러분의 책에 관한 아이디어와 원고 투고를 기쁜 마음으로 기다리고 있습니다.
책 출간을 원하는 아이디어가 있으신 분은 다산북스 홈페이지 '투고 원고'란으로 간단한 개요와 취지, 연락처 등을 보내주세요.
머뭇거리지 말고 문을 두드리세요.